최단기
빅데이터
분석기사

문제편

2024 필기

최 고의 효율과
단 기 준비에 최적화된
기 적의 수험서

비전공자를 위한 최적의 수험서
최단 기간, 최다 합격 비법서

한국데이터 산업진흥원
출제기준 100% 반영

전국 빅데이터
콘테스트
최우수상

빅데이터
실무
전문가

머리말

안녕하세요. 훈쌤입니다.

'최단기'라는 컨셉으로 강의를 하고 있는데요. 최단기 빅데이터 분석기사, 최단기 ADSP, 이렇듯 저는 최단기를 가장 중요하게 생각하는 저자입니다.

그 이유는 여러분들이 본업이 있기 때문에, 자격증 시험에 최소한의 시간을 쏟으며 효율적으로 시험에 합격하길 원하기 때문입니다.

자격증 시험은 100점을 맞기 위해, 여러분의 모든 시간을 쏟는 시험이 아닙니다.

그렇기에 여러분들이 짧은 시간 내로 합격이 가능하도록 고민하고, 집필하였습니다. 제 책을 믿고 봐주시는 분들께 감사의 인사를 드립니다.

훈쌤 드림.

이 책의 특징

● 빅데이터 분석기사 1타 강사가 집필

패스트캠퍼스, 1억뷰 N잡, 윌비스 등 빅분기 전문 강사 훈쌤의 유일한 빅데이터 분석기사 이론집입니다.

● 단원별 연습문제 수록

28 표본평균($\bar{x}$)의 표준오차를 원래 값의 1/8로 줄이기 위해서는 표본의 크기를 원래보다 몇 배 늘려야 하는가?

① 8배   ② 16배   ③ 64배   ④ 256배

29 확률변수 X가 다음의 분포를 가질 때 Y의 기댓값은? (단, Y = (X − 1)2이다.)

X	0	1	2	3
P(X)	$\frac{1}{3}$	$\frac{1}{4}$	$\frac{1}{4}$	$\frac{1}{6}$

① 1/2   ② 3/5   ③ 3/4   ④ 5/4

● 기출 복원문제 수록

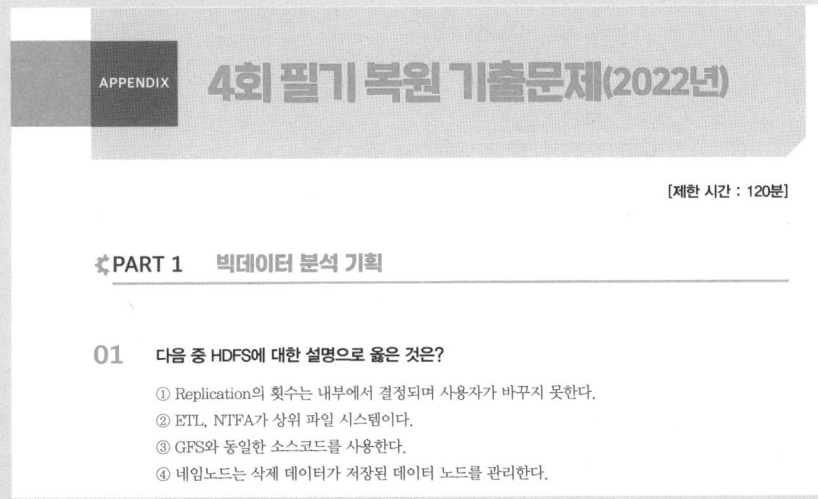

빅데이터 분석기사 자격증 개요

● 빅데이터 분석기사 정의
빅데이터 이해를 기반으로 빅데이터 분석 기획, 빅데이터 수집·저장·처리, 빅데이터 분석 및 시각화를 수행하는 실무자를 말한다.

● 빅데이터 분석기사의 필요성
전 세계적으로 빅데이터가 미래성장동력으로 인식돼, 각국 정부에서는 관련 기업투자를 끌어내는 등 국가·기업의 주요 전략분야로 부상하고 있다. 국가와 기업의 경쟁력 확보를 위해 빅데이터 분석 전문가의 수요는 증가하고 있으나, 수요 대비 공급 부족으로 인력 확보에 어려움이 높은 실정이다. 이에 정부차원에서 빅데이터 분석 전문가 양성과 함께 체계적으로 역량을 검증할 수 있는 국가기술자격 수요가 높은 편이다.

● 빅데이터 분석기사의 직무
대용량의 데이터 집합으로부터 유용한 정보를 찾고 결과를 예측하기 위해 목적에 따라 분석기술과 방법론을 기반으로 정형/비정형 대용량 데이터를 구축, 탐색, 분석하고 시각화를 수행하는 업무를 수행한다.

● 빅데이터 분석기사 과목별 주요 항목

필기 과목명	문제 수	주요 항목
빅데이터 분석기획	20	·빅데이터의 이해 ·데이터 분석 계획 ·데이터 수집 및 저장 계획
빅데이터 탐색	20	·데이터 전처리 ·데이터 탐색 ·통계기법 이해
빅데이터 모델링	20	·분석모형 설계 ·분석기법 적용
빅데이터 결과 해석	20	·분석모형 평가 및 개선 ·분석결과 해석 및 활용

실기 과목명	주요 항목
빅데이터 분석실무	·데이터 수집 작업 ·데이터 전처리 작업 ·데이터 모형 구축 작업 ·데이터 모형 평가 작업

● 합격 기준

필기시험 합격 기준	실기시험 합격 기준
과목당 100점을 만점으로 1. 전 과목 40점 이상 2. 전 과목 평균 60점 이상	100점을 만점으로 60점이상

● 시험 일정

구분	회차		접수기간	수험표 발급	시험일	사전점수 공개 및 재검토 접수	결과발표	증빙서류 제출기간
빅데이터 분석기사	제8회	필기	3.4~8	3.22	4.6(토)	4.19~23	4.26	4.29~5.9
	제8회	실기	5.20~24	6.7	6.22(토)	7.5~9	7.12	-
	제9회	필기	8.5~9	8.23	9.7(토)	9.20~24	9.27	9.30~10.10
	제9회	실기	10.28~11.1	11.15	11.30(토)	12.13~17	12.20	

● 응시료

빅데이터 분석기사 – 필기	17,800원
빅데이터 분석기사 – 실기	40,800원

합격 및 구매 후기

📁 **Mi***

우와 훈쌤 강의 대박. 저 필기 76점으로 합격했어요! 진짜 책도 안 보고 딱 패캠 전체 강의 1회 들었는데요! 감사합니다~~

📁 **eu******

선생님 저 77.5점 받았어요~~~ 너무 감사합니다ㅠㅠ 실기도 꼭 듣고 싶은데~ 암튼 공식으로 드고 바로 후기 남길게요~

📁 **CH****

감사합니다. 저도 합격했어요. 68.5

📁 **ps*****

비전공자입니다. 이론에 힘을 너무 빡 준 다른 책들이 많은데, 이 책은 기출문제도 다 있고 개념 설명도 깔쌈하게 가독성 있어서 잘 산 것 같습니다요.

📁 **nu*****

본 책으로 빅분기를 다시 준비하려는 수험생입니다. 그동안 시중에 적당한 책이 없어서 너무 힘들었는데 좋은 서적이 나와서 공부 열심히 해서 합격까지 인증하겠습니다.

📁 **r************7**

비전공자이며 독학용으로 구매했어요. 두꺼운 수험서는 문제만 풀고 내용은 보지 않을 때가 많아서 적당한 두께의 이 책을 구매했는데 만족합니다! 핵심적인 내용이 간략하게 적혀 있어서 가독성이 좋다는 점이 가장 맘에 들어요~ 빅분기가 시행된 지 얼마 안 돼 정보가 없었는데 최신 기출문제까지 들어있어 좋네요.

📁 **t*******4**

기본서는 최단기로 준비 중인데 가성비가 너무 좋은 것 같아요. 사실 책을 하나만 구매하는 것이 아니라 저렴한 책을 찾고 있었는데, 설명도 깔끔하고 기출문제랑 해설도 다 들어가 있어서 잘 고른 것 같아요! 일단 책 두께도 적당하고 그래서 가지고 다니기 편합니다. 그리고 실기 필답형 문제도 들어가 있네요ㅎㅎ 나중에 실기 시험 준비할 때 좋을 것 같아요.

📁 **p*****4**

가격이 저렴한데 책 완성도가 높아요. 만족.

목차

1 PART
빅데이터 분석 기획 　　　　📘 단원 연습문제 —— 12

2 PART
빅데이터 탐색 　　　　📘 단원 연습문제 —— 20

3 PART
빅데이터 모델링 　　　　📘 단원 연습문제 —— 28

4 PART
빅데이터 분석 결과 해석 　　　　📘 단원 연습문제 —— 38

PART 1	빅데이터 분석 기획 **정답 및 해설**	48
PART 2	빅데이터 탐색 **정답 및 해설**	51
PART 3	빅데이터 모델링 **정답 및 해설**	54
PART 4	빅데이터 분석 결과 해석 **정답 및 해설**	57

2회 필기 복원 기출문제(2021년)	62
3회 필기 복원 기출문제(2022년)	83
4회 필기 복원 기출문제(2022년)	105
2회 필기 복원 기출문제 **정답 및 해설**	127
3회 필기 복원 기출문제 **정답 및 해설**	134
4회 필기 복원 기출문제 **정답 및 해설**	141

최단기 빅데이터 분석기사

PART 1
빅데이터 분석 기획

단원 연습문제

01 다음 중 정성적 데이터에 해당하는 것은?

① 강수량　　　② 기상 특보　　　③ 온도　　　④ 풍속

02 다음 중 DIKW 단계 중 K(Knowledge) 단계에 해당하는 예시로 옳은 것은?

① A 문방구는 다른 상품도 B 문방구보다 저렴할 것이다.
② A 문방구 지우개가 더 저렴하다.
③ A 문방구는 지우개가 500원, B문방구는 지우개가 1000원이다.
④ 지우개를 사려면 A문방구에서 사는 것이 더 좋다.

03 다음은 데이터베이스 시스템 중 하나를 설명한 것이다. 설명과 일치하는 개념으로 보기에서 가장 적절한 것은?

> 기업 내 생산, 물류, 재무, 회계, 영업과 구매, 재고 등 경영 활동 프로세스들을 통합적으로 연계해 관리해 주며, 기업에서 발생하는 정보들을 서로 공유하고 새로운 정보의 생성과 빠른 의사결정을 도와주는 전사적 통합시스템

① ERP(Enterprise Resource Planning)
② CRM(Customer Relationship Management)
③ EDW(Enterprise Data Warehouse)
④ SCM(Supply Chain Chain Management)

04 다음 중 빅데이터의 특징인 3V에 해당하지 않는 것은?

① Volume　　　② Velocity　　　③ Variety　　　④ Visualization

05 다음 중 교육행정 분야에서 사용되는 사회분야 데이터베이스로 알맞은 것은?

① GIS   ② LBS   ③ NEIS   ④ ITS

06 다음 중 빅데이터 출현배경과 관련한 기술로 옳지 않은 것은?

① 저장장치 비용의 지속적인 하락
② PC 및 모바일로 인한 인터넷 보급
③ 클라우드 컴퓨팅 기술의 발달
④ 제조 산업의 공정 자동화

07 빅데이터의 등장에 의한 본질적인 변화로 옳지 않은 것은?

① 데이터 처리 시점이 사전 처리에서 사후처리로 변화하였다.
② 데이터의 가치가 양보다 질로 변화하였다.
③ 분석 방향이 인과관계 위주에서 상관관계로 변화하였다.
④ 데이터 수집이 표본조사에서 전수조사로 변화하였다.

08 다음 보기 중 데이터 저장방식 중 NoSQL과 관련이 없는 것은?

① MongoDB   ② HBase   ③ Redis   ④ mySQL

09 아래 그림 형태와 같이 분석 전문 인력을 현업 부서에 배치하여 분석을 수행하는 구조를 일컫는 말로 옳은 것은?

① 기능형 구조   ② 집중형 구조   ③ 분산형 구조   ④ 전문형 구조

10 데이터베이스 정의에 관한 설명 중 부적절한 것은?

① 데이터베이스는 저장된 데이터이다. 이것은 자기디스크나 자기 테이프 등과 같이 컴퓨터가 접근할 수 있는 저장 매체에 저장되는 것을 의미한다.
② 데이터베이스는 공용 데이터이다. 이것은 여러 사용자가 서로 다른 목적으로 데이터베이스의 데이터를 공동으로 이용되는 것을 의미한다.
③ 데이터베이스는 변화되는 데이터이다. 데이터베이스에 저장된 내용은 불규칙적으로 변화하는 것을 말한다.
④ 데이터베이스는 통합된 데이터이다. 이것은 데이터베이스에서 동일한 내용의 데이터가 중복되어 있지 않다는 것을 의미한다.

11 다음 중 데이터사이언티스트의 역량으로 소프트 스킬(Soft Skill)에 해당하지 않는 것은?

① 설득력 있는 전달
② 창의적 사고
③ 숙련된 통계 분석 기술
④ 논리적 통찰력

12 다음 중 개인정보 비식별화 기법을 설명한 것으로 가장 부적절한 것은?

① 총계처리 – 데이터의 총합 값을 보임으로써 개별 데이터의 값을 보이지 않도록 함
② 데이터 마스킹 – 개인 식별에 중요한 데이터 값을 삭제
③ 가명처리 – 개인 식별에 중요한 데이터를 식별할 수 없는 다른 값으로 변경
④ 범주화 – 데이터의 값을 범주의 값으로 변환해 값을 감춤

13 다음 중 빅데이터 시대에 발생할 수 있는 위기 요인으로 부적절한 것은?

① 재산권 침해
② 데이터 오용
③ 책임원칙 훼손
④ 사생활 침해

14 다음 중 개인 정보 관련법에 대한 설명으로 옳지 않은 것은?

① 정보통신망법 개정 내용은 개인정보보호 관련 사항을 개인정보보호법으로 이관하는 것이다.
② 신용정보 보호법에서 개인 신용정보를 제3자에게 제공하는 경우 동의는 불필요하다.
③ 개인정보 보호법은 개인정보를 개인정보, 가명정보, 익명정보로 구분한다.
④ 해외 클라우드 서버를 이용하거나 해외 업체에 데이터를 이전하는 경우 정보통신망법 규정에 의거한 검토가 필요하다.

15 다음 중 암묵지와 형식지의 상호작용과 가장 관련이 없는 것은?

① 공동화 ② 내면화 ③ 연결화 ④ 추상화

16 빅데이터 활용에 필요한 기본적인 3요소로 가장 적절한 것은?

① 데이터, 기술, 인력 ② 기술, 인력, 프로세스
③ 데이터, 인력, 프로세스 ④ 데이터, 기술, 프로세스

17 빅데이터에 대한 설명으로 부적절한 것은?

① 빅데이터 환경에서는 표본조사의 중요성이 더욱 대두되고 있다.
② 빅데이터를 통해 창출된 가치는 평가하는 데에 많은 어려움이 있다
③ 빅데이터의 출현배경으로 클라우드 컴퓨팅의 발전, 저장장치의 가격하락 등이 있다.
④ 4차 산업혁명 시대에 과거 석탄과 같은 역할을 하게 될 것으로 기대된다.

18 다음 중 개인정보보호법과 관련된 내용으로 옳지 않은 것은?

① 정치성향, 종교 등에 대한 내용은 민감정보로서 보호되어야 한다.
② 개인정보란 개인을 알아볼 수 있는 정보를 말한다.
③ 개인정보를 위탁 받은 기관이 개인정보를 제3자에게 제공하는 경우 정보 주체의 동의가 필요하다.
④ 데이터 3법이란 개인정보호보법, 신용정보법, 통신망보호법을 말한다.

19 데이터 사이언스에 대한 설명으로 가장 부적절한 것은?

① 데이터 사이언스는 데이터로부터 의미있는 정보를 추출하는 학문이다.
② 기존 통계학과 비교하여 시각화의 비중이 축소되었다.
③ 정형, 비정형 데이터를 막론하고 다양한 데이터를 대상으로 한다.
④ 기존의 통계학과는 달리 총체적 접근법을 사용한다.

20 다음 중 사용자 정의 데이터 및 멀티미디어 데이터 등 복잡한 데이터 구조를 표현 관리할 수 있는 데이터베이스 관리시스템은?

① 관계형 DBMS
② 네트워크 DBMS
③ 객체지향 DBMS
④ 계층형 DBMS

21 빅데이터 분석 마스터 플랜 수립 시 적용 범위 및 방식에 대한 고려요소가 아닌 것은?

① 업무 내재화 적용 수준
② 분석 데이터 적용 수준
③ 투자 비용 수준
④ 기술 적용 수준

22 다음 중 빈칸에 들어갈 말을 순서대로 올바르게 연결한 것은?

> 분석 대상과 분석 방법이 모두 알려진 경우 분석과제 도출 방법은 (가)이며, 분석 대상을 알고 있지만 분석 방법을 모르는 경우 분석과제 도출 방법은 (나)이다.

① 가 - 통찰, 나 - 솔루션
② 가 - 최적화, 나 - 통찰
③ 가 - 최적화, 나 - 솔루션
④ 가 - 통찰, 나 - 최적화

23 다음 중 하향식 접근법에 관한 문제 탐색 단계에 대한 설명으로 옳지 않은 것은?

① 경제적, 기술적, 운영적 타당성을 검토한다.
② 분석 기술이나 도구보다 비즈니스 문제를 해결하여 얻는 가치가 중요하다.
③ 미시적인 관점에서부터 세부 문제를 정의하여 결과적으로 비즈니스 관점의 문제를 해결하는 방식이다.
④ 비즈니스 문제를 데이터 분석 문제로 변환하여 정의한다.

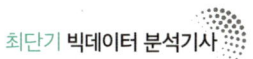

24 다음 중 아래 그림과 같은 방식의 접근 방식으로 옳은 것은?

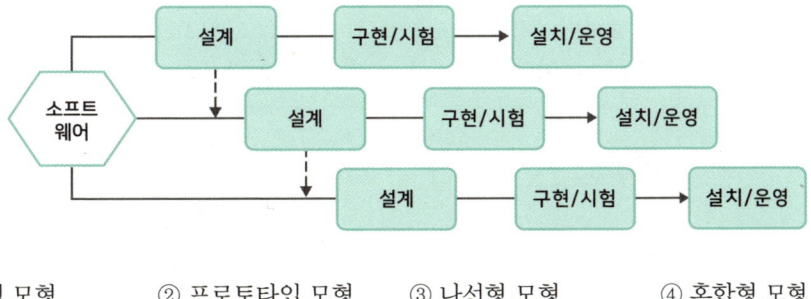

① 반복적 모형   ② 프로토타입 모형   ③ 나선형 모형   ④ 혼합형 모형

25 다음 중 데이터 확보 계획 수립 절차로 옳은 것은?

① 요구사항 도출 - 목표 정의 - 계획 수립 - 예산안 수립
② 계획 수립 - 요구사항 도출 - 예산안 수립 - 목표 저의
③ 요구사항 도출 - 목표 정의 - 예산안 수립 - 계획 수립
④ 목표 정의 - 요구사항 도출 - 예산안 수립 - 계획 수립

26 다음 중 데이터 수집 기술로 옳지 않은 것은?

① Crawling   ② Scraping   ③ Open API   ④ GFS

27 다음 중 정형/비정형/반정형 데이터 예시가 알맞게 짝지어지지 않은 것은?

① 로그 데이터 - 반정형   ② 텍스트 문서 데이터 - 반정형
③ 이미지 데이터 - 비정형   ④ 스프레드 시트 - 정형

28 아래 보기에서 설명하는 빅데이터 솔루션 개념으로 옳은 것은?

> Event와 Agent를 사용하여 대량의 로그를 수집/처리할 수 있다. 아파치 재단에서 관리되고 있는 로그 관리 소프트웨어이다.

① 플럼(Plume)   ② 하이브(Hive)   ③ 머하웃(Mahout)   ④ 우지(Oozie)

29 다음 중 식별자 처리 세부 기술과 특징을 연결한 것으로 옳은 것은?

> 가) 총계 처리 : 라운딩 나) 가명처리 : 암호화
> 다) 데이터 마스킹 : 데이터 삭제

① 가 ② 가, 나 ③ 다 ④ 가, 나, 다

30 다음 중 비정형 데이터 품질 기준으로 옳지 않은 것은?

① 신뢰성 ② 일관성 ③ 사용성 ④ 이식성

PART 2

빅데이터 탐색

단원 연습문제

01 다음 중 결측 대치법의 종류로 옳지 않은 것은?

① 평균 대치법 ② 회귀 대치법
③ 의사결정나무 대치법 ④ 최근방 대치법

02 다음 중 이상치의 발생 원인으로 옳지 않은 것은?

① 대치 오류 ② 측정 오류
③ 실험 오류 ④ 자료처리 오류

03 다음 중 이상치를 탐지하는 방법으로 옳지 않은 것은?

① 데이터가 분포의 (Q1 − 1.5IQR) 보다 작거나 (Q3 + 1.5 IQR) 보다 큰 값을 이상치로 정의한다.
② 잔차도표를 확인하여 상하한 선을 초과하는 경우 이상치로 정의한다.
③ 데이터를 Z-Scoring 정규화 하여 3σ을 초과하는 경우를 이상치로 정의한다.
④ 밀도기반 클러스터링을 진행하여 군집에 포함되지 못하고 Noise로 된 것을 이상치로 정의한다.

04 다음 중 아래 설명에 관한 변수 선택 방법으로 옳은 것은?

> 가중치의 제곱합을 최소화하는 제약조건을 추가하는 기법이다. L2 규제라고 한다.

① Logistic Regression ② Filter 기법
③ Wrapper 기법 ④ Ridge Regression

05 다음 중 다중 회귀분석의 변수 선택방법 중 Wrapper 방식으로 옳지 않은 것은?

① 층화 선택법
② 후진 선택법
③ 전진 선택법
④ 단계적 선택법

06 다음 중 데이터의 차원이 너무 많은 경우 진행할 수 있는 차원 축소 기법으로 옳지 않은 것은?

① 주성분 분석(PCA)
② 특이값 분해(SVD)
③ 최대우도추정(MLE)
④ 요인 분석

07 다음 중 아래에서 설명하고 있는 불균형 데이터 처리 방법으로 옳은 것은?

> 근접한 데이터들 사이에 일정한 규칙을 기반으로 새로운 데이터를 생성하여 샘플링하는 기법이다.

① SMOTE
② Over Sampling
③ Under Sampling
④ Boot-Strap

08 다음 중 탐색적 데이터 분석인 EDA(Exploratory Data Analysis)의 4가지 주제에 대한 설명으로 옳지 않은 것은?

① '저항성의 강조'란 데이터 일부가 파손되었을 때 영향을 적게 받는 성질이다.
② '잔차의 해석'이란 주요 경향의 데이터를 오차를 통해 분석하는 것이다.
③ '데이터의 재표현'은 원자료를 변환하여 데이터의 구조를 파악하는 것이다.
④ '데이터의 현시성'은 정보를 효율적으로 보이기 위해 시각화를 하는 것이다.

09 다음 중 상관계수에 대한 설명으로 옳지 않은 것은

① 피어슨 상관계수는 1과 -1 사이의 값을 가진다.
② 각 표준편차가 1인 두 확률 변수가 공분산이 0.5인 경우 상관계수도 0.5가 된다.
③ 상관계수의 절댓값이 1에 가까울수록 강한 양의 상관관계를 가진다.
④ 상관계수는 두 확률 변수의 선형관계를 나타내는 척도이다.

10 어떤 전구 공장의 불량률은 0.1이다. 전체 생산된 부품에서 임의 추출된 100개의 부품 가운데 불량품의 개수를 확률변수 X라 할 때, 옳지 않은 것은?

① P(X = 10)일 확률이 P(X = 90)인 확률보다 크다.
② X의 기대값은 10이다.
③ 임의 추출을 충분히 반복하는 경우 표본 평균의 분포는 중심극한정리에 따라 정규분포를 따른다.
④ P(X > 1)은 1이다.

11 두 확률 변수 X, Y에 대한 설명으로 옳지 않은 것은?

① X + Y의 기댓값 E(X + Y) = E(X) + E(Y)이다.
② E(XY) = E(X)E(Y)이면 확률변수 X와 Y는 서로 독립이다.
③ 확률변수 X와 Y가 서로 독립이면 두 확률변수의 차 X − Y의 분산 Var(X − Y) = Var(X) + Var(Y)이다.
④ 확률변수 X와 Y가 서로 독립이면 두 확률변수의 공분산 Cov(X, Y) = 0이다.

12 다음 상자 그림에 대한 설명으로 옳지 않은 것은?

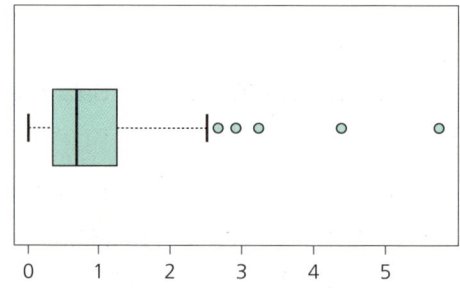

① 자료의 분포는 오른쪽 긴 꼬리를 가진 비대칭 분포이다.
② 자료의 평균이 중앙값보다 작다.
③ 자료의 최빈값은 평균보다 작다.
④ 자료의 왜도는 정규분포의 왜도 보다 크다.

13 모집단에서 크기가 16인 표본을 임의로 추출하여 구한 모평균의 95% 신뢰구간이 (20, 25)이다. 다음 설명 중 옳은 것만을 모두 고르면?

> ㄱ. 모평균이 구간 (20, 25) 안에 있을 확률은 0.95이다.
> ㄴ. 표본의 95%가 구간 (20, 25) 안에 있다.
> ㄷ. 표본평균이 구간 (20, 25) 안에 있다.

① ㄷ　　② ㄱ, ㄴ　　③ ㄱ, ㄷ　　④ ㄱ, ㄴ, ㄷ

14 어느 지역의 2021년 사과 생산량을 추정하기 위해 이 지역 9개의 농지를 임의로 추출하여 단위면적당 사과 생산량을 조사하였더니 표본평균 1,150kg, 표본 표준편차 150kg이다. 이 지역의 2021년 단위면적당 평균 사과 생산량이 2020년의 단위면적당 평균 사과 생산량 1,100kg보다 크다는 주장을 검정하고자 한다. 귀무가설이 참일 때, t검정통계량의 값과 자유도 k를 옳게 짝지은 것은? (단, 단위면적당 사과 생산량은 정규분포를 따른다)(순서대로 t 검정통계량의 값, k)

① 1, 8　　② 1, 9　　③ 1/3, 8　　④ 1/3, 9

15 다음 귀무가설(H_0)과 대립가설(H_1)에 대한 검정법의 제2종 오류에 해당하는 것은?

> $H_0 : \mu = 10$ vs $H_1 : \mu \neq 10$

① $\mu = 10$일 때 귀무가설을 기각하는 것
② $\mu = 15$일 때 귀무가설을 기각하는 것
③ $\mu = 10$일 때 귀무가설을 기각하지 않은 것
④ $\mu = 15$일 때 귀무가설을 기각하지 않은 것

16 두 사건 A, B에 대하여 P(A) = 1/3, P(A | B) = 1/9, P(A∩B) = 1/12일 때, 옳은 것만을 모두 고르면?

> ㄱ. 사건 A와 B는 서로 배반이다.　　ㄴ. 사건 A와 B는 서로 독립이다.
> ㄷ. P(A ∪ B) = 10이다.

① ㄴ　　② ㄷ　　③ ㄱ, ㄴ　　④ ㄴ, ㄷ

17 어느 초등학교 A, B반의 학생이 하루에 섭취하는 물의 양을 측정하였다. A반은 리터(L) 단위로 측정하고, B반은 밀리리터(mL) 단위로 측정하였다. A, B반 학생이 섭취하는 물의 양에 대한 산포를 비교하고자 할 때 가장 적합한 측도는?

① 표준편차(SD) ② 사분위수 범위 ③ 제50백분위수 ④ 변동계수(CV)

18 확률변수 X에 대하여 E[X(X − 1)] = 3, E[X(X + 1)] = 5일 때, X의 분산은?

① 3 ② 4 ③ 5 ④ 6

19 50개의 관측값을 가장 작은 값부터 가장 큰 값까지 크기순으로 나열하여 $x(1), x(2), \cdots, x(50)$으로 나타낼 때, 이에 대한 설명으로 옳지 않은 것은?

① 제20 백분위수는 $x(20)$이다.
② 제3 사분위수는 $x(38)$이다.
③ 중앙값은 $\frac{X_{25}+X_{26}}{2}$이다.
④ 사분위수 범위는 $X_{(38)} - X_{(13)}$이다.

20 전체 중학생이 치른 수학 시험점수는 평균이 60점, 표준편차가 12점인 정규분포를 따른다고 한다. 전체 중학생 중에서 임의로 뽑은 한 명의 수학 시험점수를 X라 하고, 임의로 뽑은 36명의 수학 시험점수의 표본평균을 Y라 할 때, 이에 대한 설명으로 옳지 않은 것은?

① E(X) = E(Y) ② Var(X) = 2 × Var(Y)
③ P(X > 60) = P(Y > 60) ④ P(X < 72) = P(Y < 62)

21 중심극한정리에 대한 설명으로 (가), (나)에 들어갈 말을 옳게 짝지은 것은? (단, 모집단의 평균이 μ이고, 분산 σ^2은 존재한다)

> 표본 크기가 충분히 클 때, 임의의 분포에서 추출한 확률 표본의 (가)은 근사적으로 (나)를 따른다.

① 표본평균, 카이제곱분포 ② 표본평균, 균등분포
③ 표준화 표본평균, 지수분포 ④ 표준화 표본평균, 표준정규분포

22 확률변수 X와 Y의 분산과 공분산은 다음과 같다. 확률변수 W와 T를 각각 W = 2X + 2, T = −Y + 10이라고 할 때, W와 T의 상관계수는?

$$V(X) = 25, V(Y) = 16, Cov(X, Y) = -10$$

① −1/2 ② 1/2 ③ −1 ④ 1

23 어떤 자동판매기에서 판매되는 음료수 용량은 모평균이 μ(mL)이고, 모표준편차가 5mL인 확률분포를 따른다고 한다. 이 자동판매기에서 임의로 추출한 100개 음료수의 표본평균이 150mL일 때, 가설 $H_0 : \mu = \mu_0$ 대 $H_1 : \mu \neq \mu_0$에 대한 유의수준 α에서 귀무가설을 기각하지 못하는 μ_0의 범위는? (단, z_α는 표준정규분포의 $100 \times (1 - \alpha)$ 백분위수이다)

① $\left(150 - \frac{1}{2}z_\alpha, \ 150 + \frac{1}{2}z_\alpha\right)$
② $\left(150 - \frac{1}{2}z_{\alpha/2}, \ 150 + \frac{1}{2}z_{\alpha/2}\right)$
③ $\left(150 - \frac{1}{4}z_\alpha, \ 150 + \frac{1}{4}z_\alpha\right)$
④ $\left(150 - \frac{1}{4}z_{\alpha/2}, \ 150 + \frac{1}{4}z_{\alpha/2}\right)$

24 어느 지역에서 20대 남자의 몸무게는 평균이 μ이고 표준편차가 8인 정규분포를 따른다고 한다. 이 지역에서 임의추출한 20대 남자 64명의 평균 몸무게가 66일 때, 모평균 μ에 대한 95% 신뢰구간은? (단, 단위는 kg이며, 표준정규분포를 따르는 확률변수 Z에 대하여 P(Z ≥ 1.96) = 0.025, P(Z ≥ 1.645) = 0.05이다)

① (65.794, 66.206)
② (64.355, 67.645)
③ (65.755, 66.245)
④ (64.040, 67.960)

25 전수검사와 샘플링검사를 비교한 설명으로 틀린 것은?
① 전수검사에서는 이론적으로 샘플링오차가 발생하지 않는다.
② 부적합품이 샘플링 루트에 포함될 수 없다면 전수검사로 실행하여야 한다.
③ 일반적으로 전수검사는 샘플링검사에 비하여 검사비용이 많이 든다.
④ 시료를 랜덤하게 추출할 경우에는 샘플링검사의 결과와 전수검사의 결과가 항상 일치하게 된다.

26 상관계수를 통계적으로 유의한지 검정하고자 할 때, 상관계수 유의성 검정에 사용되는 검정 통계량의 분포는 어떤 분포를 따르는가?

① F분포 ② t분포 ③ χ^2분포 ④ 정규분포

27 검정이론에 대한 설명으로 틀린 것은?

① 제1종 오류란 귀무가설이 참일 때, 귀무가설을 기각하는 오류이다.
② 제2종 오류란 대립가설이 참일 때, 귀무가설을 채택하는 오류이다.
③ 유의수준이란 귀무가설이 참일 때, 귀무가설을 채택하는 확률이다.
④ 검출력이란 대립가설이 참일 때, 귀무가설을 기각하는 확률이다.

28 표본평균($\overline{X}$)의 표준오차를 원래 값의 1/8로 줄이기 위해서는 표본의 크기를 원래보다 몇 배 늘려야 하는가?

① 8배 ② 16배 ③ 64배 ④ 256배

29 확률변수 X가 다음의 분포를 가질 때 Y의 기댓값은? (단, Y = (X − 1)2이다.)

X	0	1	2	3
P(X)	$\frac{1}{3}$	$\frac{1}{4}$	$\frac{1}{4}$	$\frac{1}{6}$

① 1/2 ② 3/5 ③ 3/4 ④ 5/4

30 모집단을 여러개의 층(層)으로 나누고 층 중에서 일부 군집을 랜덤샘플링(random sampling)하는 기법으로, 집단 내 이질적/집단 간 동질적인 특징의 표본을 샘플링 하는 방법은?

① 집락샘플링(cluster sampling)
② 층별샘플링(stratified sampling)
③ 계통샘플링(systematic sampling)
④ 단순랜덤샘플링(simple random sampling)

 정답은 p.51에 있습니다.

PART 3
빅데이터 모델링

단원 연습문제

01 다음 중 아래 설명에 관한 내용으로 옳은 것은?

> K-Fold 교차검증을 사용하려고 한다. 데이터가 100개인 샘플에서 20개를 검증용 데이터 셋으로 설정하고 K를 5개의 집단으로 정의한다면, 사용된 총 학습용 데이터셋의 개수와 총 검증용 데이터 셋의 개수는 몇 개인가?

① 학습용 : 400, 검증용 : 120 ② 학습용 : 400, 검증용 : 100
③ 학습용 : 500, 검증용 : 100 ④ 학습용 : 500, 검증용 : 120

02 다음 중 데이터를 훈련용, 평가용 데이터로 분할하여 학습하는 기법을 무엇이라고 하는가?

① Hold - Out ② 분할 샘플링
③ Test - Training 학습 ④ K - Fold 교차 검증

03 다음 중 머신러닝 모형에 대한 설명으로 옳지 않은 것은?

① 인공신경망은 예측과 분류 모형에 둘 다 사용 가능하다.
② 군집 분석은 대표적인 지도학습 기법이다.
③ 다차원 척도법과 요인 분석은 차원축소 기법으로 사용할 수 있다.
④ 로지스틱 회귀모형은 대표적인 분류 모형이다.

04 다음 중 지도 학습(Supervised Learning)에 해당하는 경우를 고른 것으로 옳은 것은?

> 가) 보행자의 얼굴 인식을 하는 딥러닝 모형
> 나) 기존 차량 데이터를 기반으로 실험 차량의 내구도 예측
> 다) 유사한 제품을 구매하는 고객끼리 묶는 분석

① 가 ② 다 ③ 가, 나 ④ 가, 다

05 다음 중 텍스트 마이닝에서 단어의 빈도를 분석하여 관심도가 높은 단어들을 시각화 하는 기법으로 옳은 것은?

① 워드 임베딩(Word Embedding)   ② 워드 클라우드(Word Cloud)
③ 자연어 처리(NLP)   ④ 워드 투 벡터(Word2Vec)

06 다음 중 모형 세부 요건 설정과 관련된 내용으로 옳지 않은 것은?

① 일반 파라미터는 사용자가 아닌 모형에 의해 계산되는 값이다.
② 하이퍼 파라미터는 분석자가 직접 설정하는 값이다.
③ 모형이 과소적합 되었다는 뜻은 학습데이터에선 좋은 성능을 보이지만 평가데이터에서 나쁜 결과를 보이는 것이다.
④ 모형의 복잡도와 과적합은 서로 Trade-Off 관계이다.

07 단순 선형 회귀모형 $Y_i = \beta_0 + \beta_1 x_1 + \varepsilon_i$에 대한 설명으로 옳지 않은 것은?

① 두 변수 X, Y의 관계식은 선형식으로 표현될 수 있어야 한다.
② 최소자승법에 의한 모수 추정량은 모든 선형불편 추정량 중에서 최소 분산을 가진다.
③ 모형의 유의성 여부는 F-검정에 의해 판단한다.
④ 결정계수 R^2 값은 총변동 중 회귀선에 의해 설명되는 비율을 측정한 값이며 두 변수간 상관계수와는 무관하다.

08 회귀 분석의 가정과 관련된 잔차의 성질로 옳지 않은 것은?

① 등분산성   ② 정규성   ③ 일치성   ④ 독립성

09 다중 선형회귀 분석에는 독립변수들 간의 지나친 상관관계가 문제가 될 수 있으며, 이를 다중공선성이라고 한다. 다중공선성을 확인하는 방법으로 옳지 않은 것은?

① 상관계수   ② 고유 벡터(Eigen Vector)
③ 공차한계(Tolerance)   ④ 분산팽창지수(VIF)

※ **[10–11]** 아래 표는 특정 자료에 대한 다변량 회귀 분산분석표이다. 아래 질문에 맞는 답을 고르시오.

	제곱합	자유도	평균 제곱	F값	유의확률
변수	3836.55	4	(가)	(다)	0.00
오차	1549.27	25	(나)		
계	4385.83	29			

10 다음 중 위 표에 대한 설명으로 옳지 않은 것은?

① 위의 표를 통해 R^2 값을 구할 수 있다.
② 분석에 사용된 변수의 수는 5개이다.
③ 분석에 사용된 자료의 개수는 30개이다.
④ 위의 표를 분석한 결과, 회귀 분석 모형은 자료를 설명하는데 유의하다고 볼 수 있다.

11 위 표의 빈칸에 들어갈 값으로 옳은 것은? (단 일의 자리로 반올림하여 근사치를 구한다.)

① (가) : 15346
② (나) : 53
③ (다) : 15
④ 위 표를 기반으로 빈칸 값을 계산할 수 없다.

12 다음 중 대출 고객의 파산 여부를 예측하기 위해 모델링을 진행하려고 하는 경우 사용할 수 없는 모형은?

① Logistic Regression
② SVM(Support Vector Machine)
③ Random Forest
④ Time-Series

13 다음 중 모형의 과적합을 방지하기 위한 기법이 아닌 것은?

① 정보 획득 곡선
② 가지치기(Pruning)
③ 규제 및 정규화
④ 풀링(Pooling)

14 다음 중 SVM(Support Vector Machine) 모형에 대한 설명으로 옳지 않은 것은?

① 소프트 마진은 오류를 더욱 허용하고, 하드 마진은 오류를 허용하지 않는 방향으로 설정하는 것을 말한다.
② SVM 모형이란 데이터 공간의 분류 경계를 정의하여 새로운 데이터가 어느 경계면에 속하는지 분류하는 모형이다.
③ 커널(Kernel)은 SVM 모형이 비선형 분류에도 활용 가능하도록 하는 함수이다.
④ SVM 모형의 초매개변수(Hyper Parameter)는 총 네 개이다.

15 다음 중 의사결정나무 모형에 대한 설명으로 옳지 않은 것은?

① 의사결정나무는 분리규칙과 정지규칙을 사용하여 모형을 학습한다. 분리규칙은 노드를 분할하여 모형을 성장시키고, 정지규칙은 노드 분할을 정지한다.
② 의사결정나무의 분리기준에는 카이제곱 통계량, 지니 지수, 엔트로피 지수가 있다.
③ 모형의 과적합을 방지하기 위해 가지치기(Pruning)이라는 기법을 사용한다.
④ 의사결정나무 모형 중 가장 오래된 모형은 다지분리 규칙을 사용하는 CART 모형이다.

16 다음 중 군집분석 모형에 대한 설명으로 옳지 않은 것은?

① 군집분석은 대표적인 지도 학습으로, 데이터 간의 거리로 유사성을 측정하여 집단을 분류하는 모형이다.
② DBSCAN 모형의 장점으로는 기하학적인 모형을 잘 분리하고, 군집 수를 사전에 정하지 않아도 되는 것이다.
③ 최적의 군집 수를 정하는 방식에는 대표적으로 '엘보우 방법'이 있다.
④ 계층적 군집분석은 덴드로그램을 통해 시각화가 가능하며, 군집을 늘려 나가는 분할방식과 군집의 개수를 줄여 나가는 분할 방식이 있다.

17 다음 중 아래 설명에 대한 군집분석 척도로 옳은 것은?

> 다변량 데이터의 변수 간 상관성을 고려하여, 공분산 행렬 개념을 적용하여 계산한 거리 척도이다.

① 맨하탄 거리　　　　② 마할라노비스 거리
③ 자카드 거리　　　　④ 유클리드 거리

18 [주관식] 어떤 마트의 구매 데이터를 수집한 결과 아래 표와 같다. 아래 표를 토대로 진행한 연관성 분석 척도를 계산하여 옳은 값으로 채워 넣으시오. (분수로 표기한다.)

고객	구매 이력
A	우유, 시리얼, 사과
B	우유, 오렌지 주스, 생선
C	우유, 시리얼, 물, 콜라
D	시리얼, 생선, 물
E	사과, 생선, 계란

우유와 시리얼의 지지도 : (   )

우유에 대한 시리얼의 신뢰도 : (   )

우유와 시리얼의 향상도 : (   )

19 아래 표는 특정 방사성 물질에 노출된 사람과 아닌 사람의 환자 발병 현황이다. 방사성 물질에 노출되지 않은 사람에 비하여 물질에 노출된 사람의 상대위험도를 계산한 것으로 옳은 것은? (단, 일의 자리에서 반올림하여 근사치를 구한다.)

구분	노출 O	노출 X
환자	120	24
관찰 인원	6,000	3,000

① 8   ② 4   ③ 2.5   ④ 1

20 결정계수(r^2)에 관한 설명으로 맞는 것은?

① 회귀방정식의 정도를 측정하는 방법으로 사용될 수 없다.
② 단순회귀에서 결정계수(r^2)는 상관계수®의 제곱과 값이 다르다.
③ 단순회귀분석에서 얻은 r^2으로부터 상관계수를 구하면 $-r$이 된다.
④ $0 \leq r^2 \leq 1$의 범위에 있고, r^2의 값이 1에 가까울수록 쓸모 있는 회귀방정식이 된다.

21 아래 표는 어느 자료의 주성분 분석 결과 중 일부를 표기한 것이다. 다음 중 표에 관한 설명으로 옳지 않은 것은?

Principle Component	Eigenvalue	VarianceProportion
1	5.31	51.1
2	2.25	22.7
3	1.13	12.3
4	0.32	5.6
5	0.15	2.6

① 주성분 3개를 선택하는 경우 총 변동의 80% 이상을 설명 가능하다.
② 고유값(Eigenvalue)이 작은 주성분부터 선택한다.
③ 4개의 주성분을 선택하는 경우 87.7%의 변동을 설명할 수 있다.
④ 위 표를 분석한 결과, 총 세 개의 주성분을 선택하는 것이 가장 적합하다.

22 다음 중 시계열 분석의 성분으로 옳지 않은 것은?

① 불규칙 성분   ② 추세 성분   ③ 계절 성분   ④ 백색 성분

23 다음 중 시계열 분석에서 모형 기반 방식인 ARIMA 모형과 관련한 설명으로 옳지 않은 것은?

① 모형의 형태가 IMA(3, 5)인 경우 정상화를 할 때 차분 횟수는 3이다.
② P시점 전의 자료가 현재의 자료에 영향을 주는 것을 자기상관이라고 한다.
③ ARIMA(p, d, q) 모형에서 d가 0인 경우 '자기회귀 이동평균' 모형이 된다.
④ 이동평균(MA) 모형은 무한 개의 백색잡음으로 표현하여 정상성을 만족하지 않는 경우가 많다.

24 다음 중 아래 설명과 같은 상황에서 적용할 수 있는 검정 방법으로 옳은 것은?

> 모집단에 대한 분포를 가정할 수 없는 경우, 특정 집단의 신약 투여 전과 후를 비교하기 위한 통계적 검정 방법

① Run 검정   ② 윌콕슨 부호 순위 검정
③ 대응 표본 T 검정   ④ 윌콕슨 순위 합 검정

25 계층적 군집분석에서 군집 내 편차들의 제곱합을 고려하여 군집 간 정보 손실을 최소화하는 기법으로 옳은 것은?

① 최단 연결법 ② 제곱 연결법 ③ 중심 연결법 ④ 와드 연결법

26 다음 중 로지스틱 회귀 분석에 대한 설명으로 옳지 않은 것은?

① 시그모이드 함수를 미분하는 경우 도함수의 최대값은 1이다.
② 3개 이상 집단에 대한 다중분류를 하는 경우 소프트맥스(Softmax) 함수를 활성화 함수로 사용한다.
③ 로지스틱 회귀분석은 반응변수가 연속형인 경우 사용할 수 없다.
④ 시그모이드 함수의 출력값은 0과 1 사이의 값을 가진다.

27 아래 그림은 어떤 CNN 모형의 입력층과 Filter를 도식화한 것이다. Stride를 1로 설정하는 경우, 출력되는 Feature Map의 크기는 얼마인가? (단, Padding 과정은 진행하지 않는다.)

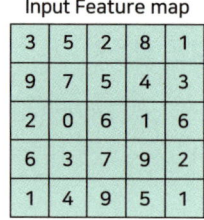
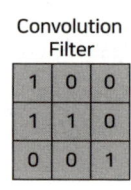

① (2, 2) ② (3, 3) ③ (4, 4) ④ (5, 5)

28 딥러닝 모형에 대한 설명으로 옳은 것은?

① 학습률을 크게 설정하는 경우 모형의 학습 속도가 느려지고 최적해를 찾는데 많은 반복이 소요된다.
② 인공신경망은 역전파 과정에서 도함수 결과값이 감소하여 가중치 조정이 이루어지지 않는 문제가 있다.
③ 인간의 신경망 모형을 모방하여 뉴런, 노드, 은닉층 등으로 구성한 모형을 유전자 알고리즘(Genetic Algorithm)이라고 한다.
④ Layer의 노드가 깊게, 많이, 복잡하게 얽힌 모형을 생성하면 모형의 성능이 더욱 발전한다.

29 다음 중 비정형 데이터 분석에 대한 설명으로 옳지 않은 것은?

① 소셜 네트워크 분석의 중심성에는 연결정도 중심성, 근접 중심성, 매개 중심성, 위세 중심성이 있다.
② 원-핫 인코딩이란 텍스트 내 N개의 단어를 N차원의 벡터로 표현하는 것이다.
③ 자연어 처리에서 텍스트 전처리를 원활히 하기 위해 토큰화 작업을 수행한다.
④ LSTM 모형의 경우 장기의존성 문제가 발생하여, 과거의 데이터를 잘 반영하기 위해 RNN 모형으로 발전하였다.

30 다음 보기 중 합성곱(Convolution) 과정에서 차원이 축소되어 데이터가 소실되는 위험을 방지하기 위한 과정으로 옳은 것은?

① 패딩(Padding)
② 풀링(Pooling)
③ 필터링(Filtering)
④ 역전파(Back Propagation)

최단기 빅데이터 분석기사

PART 4
빅데이터 분석 결과 해석

단원 연습문제

01 아래 표는 혼동 행렬을 나타낸 표이다. 다음 중 빈칸에 들어갈 내용으로 알맞게 짝지어진 것은?

		분류 예측	
		TRUE	FALSE
실제 정답	TRUE	(가)	(나)
	FALSE	(다)	(라)

① 가 : TP / 나 : TN / 다 : FP / 라 : FN
② 가 : TP / 나 : FP / 다 : FN / 라 : TN
③ 가 : TN / 나 : FN / 다 : FP / 라 : TP
④ 가 : TP / 나 : FN / 다 : FP / 라 : TN

02 다음 중 혼동행렬에서 산출 가능한 지표가 아닌 것은?

① 특이도　　② 향상도　　③ 민감도　　④ 정밀도

03 아래 표는 특정 분류 모형의 혼동행렬을 표현한 것이다. 정밀도와 재현율을 알맞게 계산한 것으로 옳은 것은?

		분류 예측	
		TRUE	FALSE
실제 정답	TRUE	30	20
	FALSE	40	10

① 재현율 3/5, 정밀도 1/3　　② 재현율 3/5, 정밀도 3/7
③ 재현율 4/7, 정밀도 1/3　　④ 재현율 4/7, 정밀도 3/7

04 다음 중 아래 설명에 관한 내용으로 옳은 것은?

> 분류 모형의 평가지표 중 하나로 특정 도표의 하단 면적을 계산하여, 면적이 1에 가까울수록 좋은 모형으로 평가하는 방식

① ROC 도표　　② 이익 도표　　③ AUC　　④ F1 Score

05 다음 중 예측 모형 평가지표에 대한 설명으로 옳지 않은 것은?

① MAPE는 평균절대비오차로 실제값에 비해 오차의 비율이 차지하는 정도를 계산한 값이다.
② RMSE에 대한 공식은 $\sqrt{\frac{1}{n}\sum_{i=1}^{n}(y_i-\hat{y}_i)^2}$ 이다.
③ 다변량 회귀 분석의 경우 모형 구조상 결정계수가 높아지기 때문에 일반적으로 Adjusted R^2를 사용한다.
④ MSE란 실제값과 예측값의 오차 절대값의 평균을 계산한 것이다.

06 아래 그래프는 정규성 검정을 위해 사용하는 검정 방식 중 하나이다. 그래프를 사용한 검정 명칭으로 옳은 것은?

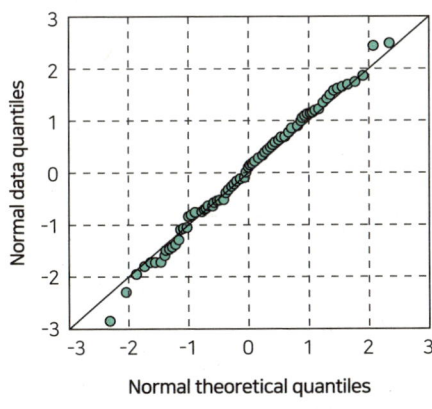 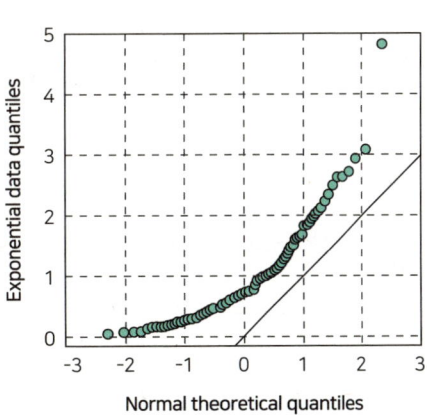

① Shapiro-Wilks 검정　　② Q-Q Plot
③ 카이제곱 검정　　④ K-S(Kolmogorov Smirnov)

07 다음 중 모형 개선에 대한 설명으로 옳지 않은 것은?

① 과대적합 발생시 규제와 정규화를 통해 모형의 성능을 일반화할 수 있다.
② BGD(Batch Gradient Descent)는 한 스텝에 모든 데이터 셋을 활용하여 속도가 느리지만 연산 횟수가 적은 장점이 있다.
③ 과대적합 방지를 위해 복잡도를 감소시키거나 데이터를 확보하는 방식이 있다.
④ 모형의 학습률이 너무 높은 경우 학습 속도가 지나치게 느려질 수 있다.

08 다음 중 경사하강법(Gradient Descent)에 대한 설명으로 옳지 않은 것은?

① SGD(Stochastic Gradient Descent)는 전체 데이터 중 일부를 무작위로 갱신하여 속도가 빠른 장점이 있다.
② 모멘텀 기법은 기울기 방향을 힘을 받으면 물체가 가속되는 물리 알고리즘을 모방하였다.
③ AdaGrad 기법은 학습률을 고정시켜 안정적인 수렴이 가능한 모형이다.
④ Adam 기법은 모멘텀 방식과 AdaGrad를 합친 방식으로 좋은 성능을 보인다.

09 다음 중 복수 모형을 융합하는 것에 대한 설명으로 옳지 않은 것은?

① 부트스트랩(Bootstrap)은 선택적 복원 추출 방식으로 중복을 허용하지 않고 샘플을 추출한다.
② 배깅(Bagging)은 부트스트랩 기반의 샘플 집단을 생성하여 분석 결과를 앙상블 하는 기법이다.
③ 앙상블(Ensemble)모형은 전체적인 예측값의 분산을 감소시켜 정확도를 높일 수 있다.
④ 랜덤포레스트란 의사결정나무를 앙상블하여 생성한 모형이다.

10 다음 중 드롭 아웃(Drop Out) 대한 설명으로 옳지 않은 것은?

① 인공 신경망 모델의 복잡도를 감소시키기 위한 방법이다.
② 은닉층의 뉴런을 무작위로 삭제하여 신호를 전달하지 않는다
③ 뉴런을 삭제하기 때문에 시간이 오래 걸리지 않는 장점이 있다.
④ 과대적합을 방지하기 위해 적용하는 것으로 성능의 일반화를 기대할 수 있다.

11 다음 중 아래 빈칸에 들어갈 내용이 짝지어진 것으로 옳은 것은?

> 최종 모형이 선정되면 이를 (가)로 등록한다. 등록 후에도 지속적인 (나)을 통해 해당 모형을 업데이트 및 유지보수 한다.

① 가) – 챔피언 모델, 나) – 학습
② 가) – 운영 모델, 나) – 모니터링
③ 가) – 챔피언 모델, 나) – 모니터링
④ 가) – 운영 모델, 나) – 학습

12 다음 중 교차 검증에 관한 설명으로 옳지 않은 것은?

① LOOCV 기법의 측정/평가 비용은 K-Fold 교차 검증에 비하여 비용이 많이 드는 단점이 있다.
② LOOCV 기법은 전체 N개의 데이터 중 p개의 샘플을 선택하여 이를 반복 교차 학습시키는 것을 말한다.
③ 교차 검증은 시간이 오래 걸리는 단점이 있으나 안정적인 모형 학습 성능을 보인다.
④ Time-Series K-Fold 교차 검증은 훈련용 데이터와 검증용 데이터에 시차를 할당하여, 과거 시간의 데이터를 훈련용으로 사용할 수 있다.

13 다음 중 초매개변수(Hyper Parameter)가 아닌 것은?

① Epoch
② Batch Size
③ Learning Rate
④ Weight of Neural Network

14 아래 도표는 향상도 곡선이다. 이에 관한 설명으로 옳지 않은 것은?

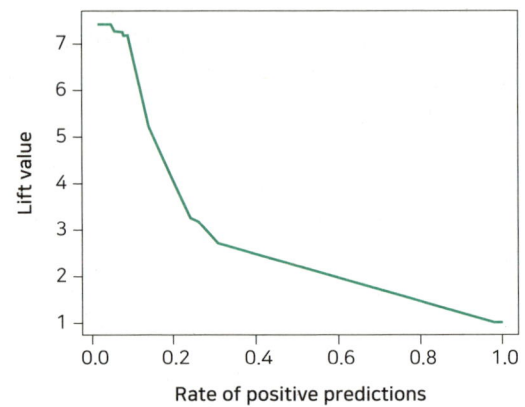

① 이익 도표(Gain Chart)라고도 한다.
② 등급별 향상도가 위아래로 진동할수록 좋은 모형이다.
③ 상위 등급에서 더 좋은 반응률을 보일수록 좋은 모형이다.
④ 해당 분류 모형의 성능이 얼마나 상승하는가를 표현한 도표이다.

15 다음 중 MAPE에 대한 공식으로 옳은 것은?

① $\dfrac{100}{n}\sum_{i=1}^{n}\left|\dfrac{y_i-\hat{y}_i}{y_i}\right|$ ② $\dfrac{1}{n}\sum_{i=1}^{n}|y_i-\hat{y}_i|$

③ $\dfrac{SSR/(n-k)}{SST/(n-1)}$ ④ $\dfrac{1}{n}\sum_{i=1}^{n}(y_i-\hat{y}_i)^2$

16 다음 중 군집모형 평가지표에 대한 설명으로 옳은 것은?

① 실루엣 계수가 높을수록 좋은 군집 모형이다.
② Dunn Index는 군집 간 거리의 최대값을 군집 내 요소 간 거리의 최소값으로 나눈 지표이다.
③ 실루엣 계수란 군집 내 분리도와 군집 외 응집도를 이용한 지표이다.
④ 군집분석은 지도학습과 달리 라벨링이 없어 성능평가가 비교적 용이하다.

17 [주관식] 다음 아래 실루엣 계수 도표 중 더 잘 분리된 군집 모형으로 옳은 것은 ?

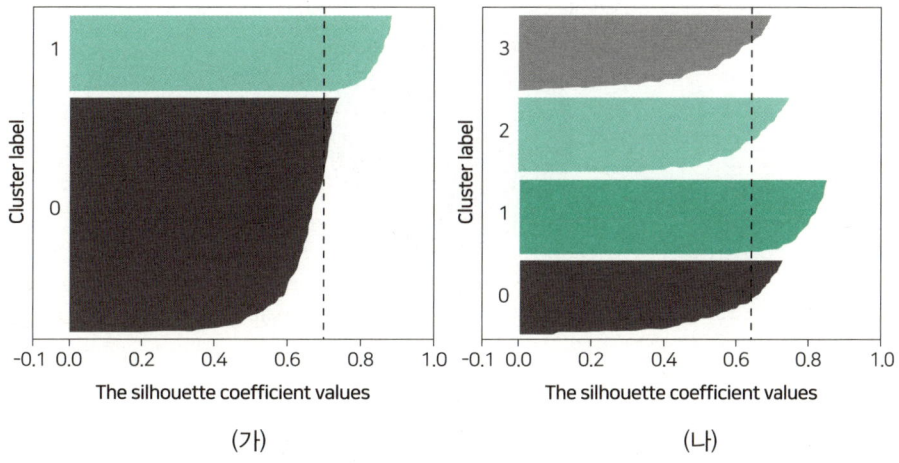

(가)   (나)

정답 : (   )

18 다음 중 잔차의 독립성 검정을 위해 수행하는 검정으로 옳은 것은?

① Kolmogorov Smirnov 검정   ② Durbin Watson 검정
③ Shapiro Wilks 검정   ④ 카이제곱 검정

19 다음 중 분석 모형의 결과를 해석하는 목적에 따라, 분석 해석 유형이 짝지어진 것으로 옳지 않은 것은?

① 무슨 일이 발생하였는가? - 서술적 분석
② 최선의 대응은 무엇인가? - 대응 분석
③ 어떻게, 왜 발생하였는가? - 진단 분석
④ 무슨 일이 발생할 것 같은가? - 예측 분석

20 다음 중 아래 그래프의 시각화 유형으로 옳은 것은?

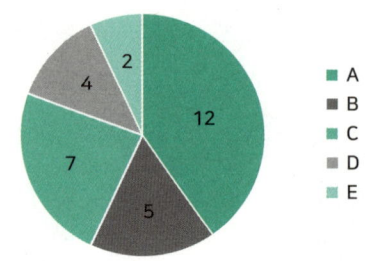

① 관계 시각화   ② 분포 시각화   ③ 비교 시각화   ④ 공간 시각화

21 다음 중 시각화에 대한 설명으로 옳지 않은 것은?

① 시각화의 설명 기능은 시각화를 통해 전달하려는 메시지와 결과를 설명한다.
② 시각화의 표현 기능은 예술적 표현을 통해 스토리 전달과 주목을 이끌 수 있다.
③ 시각화란 그래픽 요소를 활용하여 빅데이터에 대한 이해를 효율적으로 돕는 도구이다.
④ 체르노프 페이스 기법은 데이터의 관계를 보여주는 관계 시각화 유형이다.

22 다음 중 시각화 절차에서 아래 설명과 일치하는 개념으로 옳은 것은?

> 데이터 수집과 패턴을 도출하고 전처리 하여 시각화 목표를 설정한다.

① 체계화   ② 시각표현   ③ 시각화   ④ 구조화

23 아래 설명은 비즈니스 기여도 평가의 분석 목적을 나열한 것이다. 분석의 목적에 대한 난이도를 쉬운 것에서 고차원 순서로 나열한 것으로 옳은 것은?

> ㄱ. 관찰   ㄴ. 예측
> ㄷ. 최적화   ㄹ. 실시간 대응
> ㅁ. 진단 분석   ㅂ. 이상탐지

① ㄱ - ㅁ - ㄷ - ㄹ - ㄴ - ㅂ
② ㅁ - ㅂ - ㄹ - ㄴ - ㄱ - ㄷ
③ ㅁ - ㅂ - ㄴ - ㄹ - ㄱ - ㄷ
④ ㄱ - ㅁ - ㅂ - ㄹ - ㄴ - ㄷ

24 다음 중 '투자대비효과'로, 비용 투자 대비 실제로 얻는 이익을 표현한 개념으로 옳은 것은?

① IPR   ② ROI   ③ NPV   ④ TCO

25 인포그래픽이란 인포메이션 + 그래픽의 합성어로, 정보를 스토리텔링과 함께 실용적으로 전달하는 기법이다. 아래 그림과 같은 인포그래픽 유형으로 옳은 것은?

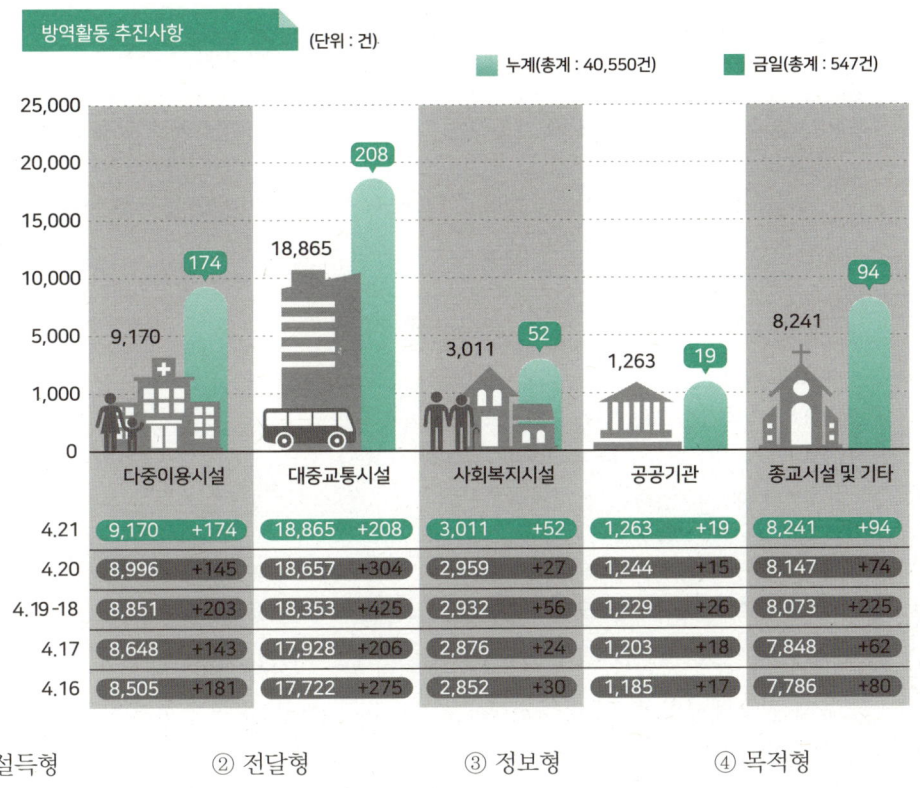

① 설득형   ② 전달형   ③ 정보형   ④ 목적형

26 다음 중 공간시각화 유형에 해당하는 시각화 기법으로 옳지 않은 것은?

① 카토그램   ② 픽토그램   ③ 등치선도   ④ 코로플레스

27 다음 중 분석 모형 배포 과정에 대한 설명으로 옳지 않은 것은?

① 모형 개발 시 운영계와 개발계의 환경 차이로 인해 추가적인 인터페이스 개발이 필요하다.
② 급변하는 비즈니스 상황에 대비하여 기존 모형을 지속적으로 모니터링하고 업데이트 해야 한다.
③ 후보 모형 중 성능이 가장 좋은 모형을 우선적으로 선택하여 배포한다.
④ 개인정보보호나 산업 내 규제로 인해 실제 사용에 어려움을 겪을 수 있다.

28 다음 중 아래 빈칸에 들어갈 내용이 짝지어진 것으로 옳은 것은?

> • 분석 결과 활용 시나리오를 개발하는 과정은 (가) 방법론을 통해 활용 가능한 분야를 발굴한다.
> • 새로운 분석 서비스의 비즈니스를 정의하는데 (나)를 이용한다. 가치 창출부터 고객에게 전달되는 단계를 도식화한 것이다.

① 가) – 가치사슬모형, 나) – 비즈니스 모델 캔버스
② 가) – 하향식 접근, 나) – B2C 캔버스
③ 가) – 가치사슬모형, 나) – B2C 캔버스
④ 가) – 하향식 접근, 나) – 비즈니스 모델 캔버스

29 다음 중 분석 모형 유지보수에 대한 설명으로 옳지 않은 것은?

① 모니터링 측정 요소 중 '응답 시간'은 정보처리 성능 영향을 파악한다.
② 오래된 분석 모형 리모델링을 진행하는 경우 최신 데이터를 통해 현재 비즈니스 상황을 파악하여 업데이트 한다.
③ 예측 모형을 모니터링 하는 경우 추적 신호(Tracking Signal) 지표를 사용할 수 없다.
④ 모형 모니터링을 하는 경우 HW 가용성과 네트워크 등의 인프라 관련 측정 요소를 고려한다.

30 다음 중 분석 리모델링을 수행할 때 개선용 데이터를 선정하는 기준으로 옳지 않은 것은?

① 데이터 변경도　　② 데이터 손실도
③ 데이터 활용도　　④ 데이터 오류율

 정답은 p.57에 있습니다.

단원 연습문제
정답 및 해설

PART 1 빅데이터 분석 기획 정답 및 해설

01	②	02	④	03	①	04	④	05	③	06	④	07	②	08	④	09	③	10	③
11	③	12	③	13	①	14	②	15	④	16	①	17	①	18	④	19	②	20	③
21	③	22	③	23	③	24	①	25	④	26	④	27	②	28	①	29	②	30	②

01 답 : ② 기상 특보

강수량, 온도, 풍속은 정량적으로 표현 가능하나, 기상 특보는 수치가 아닌 텍스트와 묘사로 이루어진 정성적인 데이터이다.

02 답 : ④ 지우개를 사려면 A문방구에서 사는 것이 더 좋다.

DIKW는 데이터, 정보, 지식, 지혜로 이루어진 피라미드이다. 이중 K는 지식이다.
①번 보기는 지혜, ②번 보기는 정보, ③번 보기는 데이터, ④번 보기는 지식이다.

03 답 : ① ERP(Enterprise Resource Planning)

ERP에 관한 설명이다.

04 답 : ④ Visualization

3V는 Volume(크기), Velocity(속도), Variety(다양성)를 의미한다.

05 답 : ③ NEIS

NEIS는 National Education Information System으로 교육행정 정보시스템을 의미한다. GIS와 LB는 지리분야, ITS는 교통분야에서 사용되는 데이터베이스이다.

06 답 : ④ 제조 산업의 공정 자동화

빅데이터의 등장 배경은 산업계, 학계, 기술의 발전 세 가지로 분류한다. 이 중에 기술의 발전은 클라우드 컴퓨팅 기술, 인터넷 보급과 모바일 혁명, 데이터 처리 및 저장 장치의 발전이 있다.

07 답 : ② 데이터의 가치가 양보다 질로 변화하였다.

빅데이터의 등장으로 데이터 처리시점은 사전 처리에서 사후로, 데이터의 가치는 질보다 양으로, 분석 방향은 인과관계에서 상관관계로, 데이터 수집은 표본조사에서 전수조사로 변화하였다.

08 답 : ④ mySQL

NoSQL에는 Hadoop, 몽고DB, 아파치 및 카산드라가 있다. Redis는 key-value 형태의 비관계형 데이터 베이스이다. MySQL은 대표적인 RDBMS 시스템이다.

09 답 : ③ 분산형 구조

해당 그림은 분산형 구조로, 분석 전문 인력을 현업 부서에 배치하여 분석하는 조직 형태이다.

10 답 : ③ 데이터베이스는 변화되는 데이터이다. 데이터베이스에 저장된 내용은 불규칙적으로 변화하는 것을 말한다.

계속적인 변화되는 데이터베이스의 특징에 관한 설명이다. 또한 이는 현 시점에 맞춰 정확하게 갱신되고 변화하는 데이터베이스를 의미한다.

11 답 : ③ 숙련된 통계 분석 기술

소프트 스킬은 데이터 분석과 비즈니스 인사이트를 위한 인문학적인 요소를 말하며, 하드 스킬은 실제 분석에 필요한 수리적인 역량과 전문지식을 의미한다.

12 답 : ② 데이터 마스킹 – 개인 식별에 중요한 데이터 값을 삭제

데이터 마스킹이란 데이터 값을 삭제하는 것이 아니라, 랜덤 노이즈를 추가하거나 공백/대체를 진행하는 것이다.

13 답 : ① 재산권 침해

빅데이터 시대의 발생 가능한 요인으로는 데이터 오용, 사생활 침해, 책임원칙 훼손이 있다.

14 답 : ② 신용정보 보호법에서 개인 신용정보를 제3자에게 제공하는 경우 동의는 불필요하다.

신용정보 보호법에서 개인 신용정보를 제3자에게 제공하는 경우 필수적 동의와 선택적 동의를 구분한 뒤 동의를 받는다.

15 답 : ④ 추상화

암묵지와 형식지의 상호 작용은 공동화, 표출화, 내면화, 연결화를 통해 이루어진다.

16 답 : ① 데이터, 기술, 인력

빅데이터의 3요소는 자원, 기술, 인력이다. 여기서 자원은 데이터를 의미한다.

17 답 : ① 빅데이터 환경에서는 표본조사의 중요성이 더욱 대두되고 있다.

빅데이터가 등장함에 따라 데이터 수집 방식이 표본조사에서 전수조사로 변화하였다.

18 답 : ④ 데이터 3법이란 개인정보호법, 신용정보법, 통신망보호법을 말한다.

데이터 3법은 개인정보보호법, 정보통신망법, 신용정보보호법 세 가지이다.

19 답 : ② 기존 통계학과 비교하여 시각화의 비중이 축소되었다.

기존 통계학에 비하여 데이터 사이언스는 시각화와 전달 요소가 더욱 중요하다.

20 답 : ③ 객체지향 DBMS

객체지향 DBMS는 멀티미디어 데이터 지원이 가능하며 정보를 객체로 표현한다. 네트워크 DBMS란 망형태로 구성된 복잡한 그물 관계의 DBMS이다.

21 답 : ③ 투자 비용 수준

투자 용이성은 우선 순위 평가 고려 요소이며, 분석 적용 범위/방식 고려요소가 아니다.

22 답 : ③ 가 – 최적화, 나 – 솔루션

분석 방법과 대상을 전부 알고 있는 경우 기존에 적용된 분석 방법론을 고도화/최적화해야 하며, 분석 대상을 알지만 방법을 모르는 경우 분석 솔루션을 통해 과제를 도출해낸다.

23 답 : ③ 미시적인 관점에서부터 세부 문제를 정의하여 결과적으로 비즈니스 관점의 문제를 해결하는 방식이다.

하향식 접근 방법이란 비즈니스 관점에서 세부적으로 Top-Down 하는 방식으로, 거시적인 관점에서 문제를 정의하는 방법이다.

24 답 : ① 반복적 모형

해당 그래프는 반복적 모형이다.

25 답 : ④ 목표 정의 – 요구사항 도출 – 예산안 수립 – 계획 수립

데이터 확보 계획은 최초로 목표 성과를 정의한다. 이후 성과 달성을 위한 요구사항을 도출하고, 예산 수립을 마친 뒤 최종적으로 계획을 수립한다.

26 답 : ④ GFS

GFS란 구글 파일 시스템으로 데이터 수집기술이 아닌 데이터 저장기술이다.

27 답 : ② 텍스트 문서 데이터 - 반정형

텍스트 문서 데이터는 비정형 데이터이다.

28 답 : ① 플럼(Plume)

해당 설명은 플럼(Flume)에 대한 설명이다.

29 답 : ② 가, 나

데이터 마스킹의 세부 기술에는 랜덤 잡음처리와 공백 및 대체가 있다.

30 답 : ② 일관성

비정형 데이터 품질 기준에는 신뢰성, 기능성, 효율성, 사용성, 이식성이 있다.

PART 2 빅데이터 탐색 정답 및 해설

01	③	02	①	03	②	04	④	05	①	06	③	07	①	08	②	09	③	10	④
11	②	12	②	13	①	14	①	15	④	16	②	17	④	18	①	19	①	20	②
21	④	22	③	23	②	24	④	25	④	26	②	27	③	28	③	29	①	30	①

01 답 : ③ 의사결정나무 대치법

결측 대치법이란 결측치를 대치하여 분석의 효율을 높이는 방법이다. 평균 대치, 회귀 대치, 단순확률 대치, 최근방 대치 등이 있다.

02 답 : ① 대치 오류

이상치의 발생 원인에는 입력 실수, 측정 오류, 실험 오류, 의도적 이상치, 자료처리 오류와 표본 오류가 있다.

03 답 : ② 잔차도표를 확인하여 상하한 선을 초과하는 경우 이상치로 정의한다.

잔차 도표를 확인하는 것은 잔차의 등분산성을 확인하기 위함이다. 이상치를 확인하는 방법은 사분위수를 통한 방법, Z-score를 통한 방법 등이 있다.

04 답 : ④ Ridge Regression

규제화된 회귀 방식에서 L1 규제는 Lasso 회귀(가중치의 절대값 합을 최소화), L2 규제는 Ridge 회귀(가중치의 제곱합을 최소화)를 말한다.

05 답 : ① 층화 선택법

변수 선택의 래퍼 방법에는 전진 선택, 후진 선택, 단계적 선택법이 있다.

06 답 : ③ 최대우도추정(MLE)

최대우도추정(MLE)이란 미지의 모수를 추정하기 위한 기법이다.

07 답 : ① SMOTE

SMOTE 기법이란 Synthetic Minority Oversampling Technique의 약자로 기존과 유사한 데이터를 새로 생성하여 불균형 데이터를 처리하는 기법이다.

08 답 : ② '잔차의 해석'이란 주요 경향의 데이터를 오차를 통해 분석하는 것이다.

탐색적 데이터 분석(EDA)의 4가지 주제 중 잔차의 해석이란, 주요 경향에 벗어난 이상 데이터가 있는지 확인하는 것이다.

09 답 : ③ 상관계수의 절댓값이 1에 가까울수록 강한 양의 상관관계를 가진다.

상관계수가 -1에 가깝다면 강한 음의 상관계수를 갖게 된다.

10 답 : ④ $P(X > 1)$은 1이다.

해당 전구 공장의 불량률 분포는 이항분포가 된다. 불량률 $p = 0.1$, 추출된 n은 100이다. 기댓값은 np가 되므로 10이 된다. ④번 보기의 경우 $P(X = 0)$일 확률이 작지만 존재하므로, $P(X > 1)$는 1보다 작은 값이 되므로 틀린 설명이다.

11 답 : ② $E(XY) = E(X)E(Y)$이면 확률변수 X와 Y는 서로 독립이다.

확률변수 X와 Y가 서로 독립인 경우 E(XY) = E(X) × E(Y) 등식이 성립하지만, 그렇다고 해서 역이 성립하지는 않는다. 두 변수의 공분산은 Cov(X,Y) = E(XY) − E(X) × E(Y)이므로, 두 변수가 독립이거나 공분산이 0이면 E(XY) = E(X) × E(Y)가 성립한다. 그러나, 두 변수가 독립하지 않아도 공분산이 0이 나오는 경우가 있으므로 ②번 보기는 틀린 설명이 된다.

12 답 : ② 자료의 평균이 중앙값보다 작다.

자료가 오른쪽 긴꼬리를 가지는 경우 최빈값 < 중앙값 < 평균값의 대소 관계를 가지게 된다. 그러므로 자료의 평균은 중앙값보다 크므로 ②번 보기는 틀린 설명이 된다.

13 답 : ① ㄷ

ㄱ. 모평균은 모수이며, 모수는 변수가 아닌 미지의 상수이므로 확률로 표현될 수 없다. 95% 신뢰구간에 대한 옳바른 설명은 "100번의 표본을 추출했을 때 산출된 100개의 신뢰구간 중 95개의 신뢰구간이 모평균을 포함하고 있다."이다.
ㄴ. 틀린 설명이다.
ㄷ. 표본평균은 항상 신뢰구간에 포함되어 있으므로 맞는 설명이다.

14 답 : ① 1, 8

n = 9, 표본평균 $\overline{X}$ = 1,150, 표본 표준편차 s = 150이다. t통계량 계산 시 $\frac{\overline{X}-\mu}{s/\sqrt{n}}$ 이므로, $\frac{1150-1100}{150/30}$ = 1이다. t 분포의 자유도 K값이 8이 되므로 정답은 ①번 보기가 된다.

15 답 : ④ μ = 15일 때 귀무가설을 기각하지 않은 것

2종 오류는 대립가설이 참인 (평균 15) 경우 귀무가설을 채택한 것이므로 ④번 보기가 정답이 된다.

16 답 : ② ㄷ

P(A | B) = 1/9는 조건부 확률 공식에 의해 P(A ∩ B)/P(B)가 된다. P(A ∩ B)는 1/12이므로, P(B)는 3/4이다. P(A ∪ B)는 P(A) + P(B) − P(A ∩ B) 이므로, 1/3 + 3/4− 1/12은 1이다. P(A ∩ B) ≠ P(A) × P(B)이므로 두 사건은 독립이 아니다.

17 답 : ④ 변동계수(CV)

변동계수(CV)는 비교하고자 하는 두 변수의 단위가 다를 때, 자료가 퍼진 정도를 비교하기 위한 방법이다.

18 답 : ① 3

E(X(X − 1)) = E(X^2 − X) = E(X^2) − E(X) = 3 이고, E(X(X + 1)) = E(X^2 + X) = E(X^2) + E(X) = 5이다. 그러므로 E(X^2) = 4, E(X) = 1이고, Var(X) = E(X^2) − {E(X)}^{2} = 3이므로 ①번 보기가 정답이 된다.

19 답 : ① 제20 백분위수는 x(20)이다.

제n사분위수란 자료를 사분할 한 뒤 n번째 분위에 위치한 수를 말한다. 제20백분위수란 자료를 백분할 한 뒤에 20번째에 위치한 자료를 말한다. 그러므로 50개의 관측값에 대한 제20백분위수는 x(10)이므로 ①번 보기는 틀린 설명이 된다. 제3사분위수는 50개의 관측값을 12.5개로 나눈 뒤 세 번째 이므로 37.5번째, 즉 x(37) 또는 x(38)이 제3사분위수가 된다. 사분위수 범위는 Q3 − Q1이므로, x(38) − x(13)이 된다.

20 답 : ② Var(X) = 2 × Var(Y)

X의 분포는 $X \sim N(60, 12^2)$이고, 표본평균의 분포는 $N(\mu, \sigma^2/n)$를 따르므로 $Y(\overline{X}) \sim N(60, 12^2/36)$를 따른다. Var(X)는 144, Var(Y)는 4이므로 ②번 보기는 틀린 설명이 된다. 정규분포의 확률 면적은 평균을 기준으로 양쪽이 0.5로 동일하므로 ③ 보기는 맞는 설명이 된다. ④번 보기는 각 항을 정규화 할 경우, P(X)는 $P\left(Z < \frac{72-60}{12}\right)$이고 P(Y)는 $P\left(Z < \frac{62-60}{2}\right)$가 되므로 맞는 설명이다.

21 답 : ④ 표준화 표본평균, 표준정규분포

중심극한정리란, 독립 확률 변수 n개의 평균의 분포는 n이 적당히 크다면 정규분포에 가까워진다는 정리이다. 그러므로 확률표본의 표준화 표본평균은 근사적으로 표준정규분포가 될 것이며, 확률표본의 표본평균은 근사적으로 정규분포를 따르게 될 것이다.

22 답 : ② 1/2

W와 T의 상관 계수는 [Cov(W,T)/(표준편차 W × 표준편차T)]가 된다. 평균과 분산의 사칙연산 원리에 의해 Var(W) = Var(2X + 2) = 4Var(X) = 100가 되고, Var(T) = Var(−Y + 1) = Var(Y) = 16이 된다. Cov(W,T) = Cov(2X + 2, −Y + 1) = −2Cov(X, Y)이므로, W와 T의 상관계수는[−2 × (−10)/(10 × 4)] = [1/2]가 되어 정답은 ②번이다.

23 답 : ② $\left(150 - \frac{1}{2}z_{\alpha/2}, 150 + \frac{1}{2}z_{\alpha/2}\right)$

표본 평균의 신뢰구간은 $\left(\overline{X} - Z_{\frac{\alpha}{2}} \cdot \frac{\sigma}{\sqrt{n}}, \overline{X} + Z_{\frac{\alpha}{2}} \cdot \frac{\sigma}{\sqrt{n}}\right)$가 된다. $\sigma/\sqrt{n}$은 5/10이므로, 1/2가 되고, 단측 검정이 아닌 양측검정이므로 $\alpha/2$를 취한다. 그러므로 신뢰 구간은 $\left(150 - \frac{1}{2}z_{\alpha/2}, 150 + \frac{1}{2}z_{\alpha/2}\right)$가 된다.

24 답 : ④ (64.040, 67.960)

표본의 크기 n = 64, 표본 평균은 66이며 표준편차는 8이다. 모평균의 신뢰구간은 양측검정인 경우

$$\overline{X} - Z_{\frac{\alpha}{2}} \cdot \frac{\sigma}{\sqrt{n}} \leq \mu \leq \overline{X} + Z_{\frac{\alpha}{2}} \cdot \frac{\sigma}{\sqrt{n}}$$

와 같이 된다. 양측검정이므로 신뢰계수는1.96이므로, (64 − 1.96 × (8/8), 64 + 1.96 × (8/8)) = (64.04, 67.96)이 정답이 된다.

25 답 : ④ 시료를 랜덤하게 추출할 경우에는 샘플링 검사의 결과와 전수검사의 결과가 항상 일치하게 된다.

전수검사의 결과는 모수이며, 모수는 미지의 값이므로 추정량과 일치하는지 확인할 수 없다. 추출되는 n이 반복될수록 전수검사의 결과와 근사하게 된다.

26 답 : ② t분포

상관계수의 검정 통계량은 자유도가 n − 2인 t 분포를 따르게 된다.

27 답 : ③ 유의수준이란 귀무가설이 참일 때, 귀무가설을 채택하는 확률이다.

유의수준이랑 귀무가설이 참일 때 귀무가설을 기각하는 확률을 말한다.

28 답 : ③ 64배

표본평균의 표준오차는 $s/\sqrt{n}$이므로, 기존 값의 1/8로 줄이기 위해서 n은 64배를 취해야 한다.

29 답 : ① 1/2

E(Y)는 E(2(X − 1))이며, E(2X − 2)가 되어 2E(X) − 2로 표현할 수 있다. E(X)는 5/4이므로 정답은 1/2, ①번 보기가 된다.

30 답 : ① 집락샘플링(cluster sampling)

집락 샘플링은 집락 추출, 혹은 군집 추출이라고도 불리는 추출 기법이다. 모집단을 여러 군집으로 나누어 그 중 일부에서 표본을 임의 추출(랜덤 샘플링)하는 방식이다. 집단 내 이질적, 집단 간 동질적인 특징이 있다.

PART 3 빅데이터 모델링 정답 및 해설

01	②	02	①	03	②	04	③	05	②	06	③	07	④	08	③	09	②	10	②
11	③	12	④	13	①	14	④	15	④	16	①	17	②	18	2/5, 2/3, 10/9			19	③
20	④	21	②	22	②	23	④	24	②	25	④	26	①	27	②	28	②	29	④
30	①																		

01 답 : ② 학습용 : 400, 검증용 : 100

K-Fold교차 검증이란 샘플과 검증 데이터 셋을 번갈아 설정하며 K번 반복 진행하는 검증방법이다. 그러므로 80개의 각자 다른 학습용 데이터를 5번, 20개의 각자 다른 검증용 데이터를 5번 반복하므로 각 400개, 100개가 된다.

02 답 : ① Hold – Out

Hold – Out 기법은 대표적인 데이터 분할 기법으로 데이터를 훈련용, 평가용 데이터로 분할한다.

03 답 : ② 군집 분석은 대표적인 지도학습 기법이다.

군집분석은 대표적인 비지도 학습 모형이다.

04 답 : ③ 가, 나

가)의 경우 얼굴인식 딥러닝 모형은 어떤 것이 얼굴인지 라벨링이 주어진 후 학습하며, 나)의 경우 기존 차량 데이터를 정답지로 지도 학습을 진행하게 된다. 다)는 패턴이 없는 상태에서 유사 고객을 묶어 나가는 가정이기 때문에 비지도 학습이 된다.

05 답 : ② 워드 클라우드(Word Cloud)

워드 클라우드란 단어의 빈도 수를 텍스트의 크기로 변환하여, 관심도가 높은 단어들을 중앙에 배치하고 폰트를 키워 배치한 시각화 기법이다.

06 답 : ③ 모형이 과소적합 되었다는 뜻은 학습데이터에선 좋은 성능을 보이지만 평가데이터에서 나쁜 결과를 보이는 것이다.

③번 보기에 대한 설명은 모형의 과대적합에 관한 설명이다.

07 답 : ④ 결정계수 R^2 값은 총변동 중 회귀선에 의해 설명되는 비율을 측정한 값이며 두 변수간 상관계수와는 무관하다.

단순 선형회귀에서는 두 변수 간의 상관계수가 결정계수 R^2-Score가 된다.

08 답 : ③ 일치성

회귀분석에의 잔차의 가정에는 등분산성, 정규성, 독립성이 있다.

09 답 : ② 고유 벡터(Eigen Vector)

다중 공선성을 확인할 수 있는 방법으로는 상관계수가 1에 가깝거나, 분산팽창지수(VIF)가 10 이상인 경우가 있다. 고유벡터는 차원축소와 관련된 용어이다.

10 답 : ② 분석에 사용된 변수의 수는 5개이다.

R^2 Score는 SSR와 SST를 통해 구할 수 있으므로 ①이 정답이 된다. 회귀변수의 자유도는 4이므로, 변수의 개수는 4이다. 총 모형에 대한 자유도가 29이므로, 자료의 개수 n은 30이 된다. F통계량의 유의확률은 0.00으로, 0.05보다 작기 때문에 해당 모형은 설명력이 유의하다고 볼 수 있다.

11 답 : ③ (다) : 15

가)는 3836/4가 되어 959이며, 나)는 1549/25 이므로 62이다. 다)는 가)/나)이므로 959/62가 되어 15가 된다.

12 답 : ④ Time-Series

대출 고객의 파산 여부를 예측하기 위해 분류 모형을 사용해야한다. 대표적인 분류 모형으로 로지스틱 회귀, SVM 모형, 랜덤 포레스트가 있다.

13 답 : ① 정보 획득 곡선

가지치기는 의사결정나무에서 과적합을 방지하기 위해 분리 노드를 삭제하는 것이고, 규제 및 정규화는 과적합을 방지하기 위해 파라미터를 추가한 모형을 학습시키는 것이다. 풀링이란 CNN 모형에서 합성곱 연산 후 일반화를 위해 데이터 공간을 줄이는 것이다.

14 답 : ④ SVM 모형의 초매개변수(Hyper Parameter)는 총 네 개이다.

SVM 모형의 Hyper Parameter는 c와 gamma 두 개이다.

15 답 : ④ 의사결정나무 모형 중 가장 오래된 모형은 다지분리 규칙을 사용하는 CART 모형이다.

해당 설명은 CHAID 알고리즘에 대한 설명이다. CART 알고리즘은 가장 많이 쓰이는 이진분리 모형이다.

16 답 : ① 군집분석은 대표적인 지도 학습으로, 데이터 간의 거리로 유사성을 측정하여 집단을 분류하는 모형이다.

군집모형은 대표적인 비지도 학습이다.

17 답 : ② 마할라노비스 거리

거리 척도에서 공분산 행렬 개념을 적용한 거리는 마할라노비스 거리이다.

18 답 : 우유와 시리얼의 지지도 : (2/5)
우유에 대한 시리얼의 신뢰도 : (2/3)
우유와 시리얼의 향상도 : (10/9)

지지도란 $P(A \cap B)$로 계산한다. 즉 거래가 동시에 일어날 확률이다 5번의 거래 중 우유와 시리얼은 총 2번 일어났으므로 2/5가 된다. 신뢰도는 A 항목이 포함된 거래 중 B항목이 같이 포함된 거래의 비율로, 지지도/P(A)이다. 향상도는 신뢰도/P(B)로 계산하며, 신뢰도는 2/3이고 P(B)는 3/5이므로 10/9가 된다.

19 답 : ③ 2.5

(물질노출이 된 환자 비율)/(물질노출이 되지 않은 환자 비율)이 상대위험도가 된다.

(120/6120)/(24/3024)이므로 15120/6120이 되며, 2.5XX가 되므로 정답은 2.5이다.

20 답 : ④ $0 \leq r^2 \leq 1$의 범위에 있고, r^2의 값이 1에 가까울수록 쓸모 있는 회귀방정식이 된다.

결정계수 R^2은 회귀모형의 설명력 정도를 나타내며, 단순선형회귀에서 상관계수의 제곱과 같은 값을 의미한다. 상관계수를 제곱한 값이므로 0과 1사이의 값을 가지고, 1에 가까울수록 상관성이 높으므로 설명력이 좋은 회귀모형을 의미한다.

21 답 : ② 고유값(Eigen Value)이 작은 주성분부터 선택한다.

고유값이 큰 주성분이 변동을 잘 설명하는 주성분이 되므로, 고유값이 큰 주성분부터 선택한다.

22 답 : ④ 백색 성분

시계열 성분에는 불규칙, 추세, 계절, 복합 성분이 있다.

23 답 : ④ 이동평균(MA) 모형은 무한 개의 백색잡음으로 표현하여 정상성을 만족하지 않는 경우가 많다.

ARIMA모형에서 파라미터는 (p, d, q) 세 개로, 각각 AR, I, MA에 대한 값이 된다. 여기서 d는 차분 횟수를 의미한다. 이동평균 모형은 유한 개의 백색잡음으로 표현하여 정상성을 만족한다.

24 답 : ② 윌콕슨 부호 순위 검정

윌콕슨 부호순위 검정은 비모수 검정 중 대응표본에 대한 검정 방법이다. 윌콕슨 순위 합 검정은 비모수 검정 중 독립표본에 대한 검정 방법이다.

25 답 : ④ 와드 연결법

와드 연결법은 군집 내 편차들의 제곱합을 고려하여 군집 간 정보 손실을 최소화하는 기법이다.

26 답 : ① 시그모이드 함수를 미분하는 경우 도함수의 최댓값은 1이다.

시그모이드 함수의 도함수 최댓값은 0.25이다.

27 답 : ② (3, 3)

stride는 1, 사이즈 N은 5, Filter 크기 N는 3이다. 여기서 Padding 과정은 없으므로 Feature Map 공식에 따라 ((5 + 2 × 0 − 3)/1) + 1이 되어 (3, 3)이 정답이 된다.

28 답 : ② 인공신경망은 역전파 과정에서 도함수 결과값이 감소하여 가중치 조정이 이루어지지 않는 문제가 있다.

②번 보기는 사라지는 경사도 문제를 말한다. ① 학습률을 크게 하는 경우 학습폭이 지나치게 커져 빠른 학습이 가능하나 최적해를 찾기 힘들다. ③번 보기는 인공신경망에 대한 설명이다. ④번 보기의 경우, Layer가 지나치게 많아질 경우 과대적합의 위험이 있다.

29 답 : ④ LSTM 모형의 경우 장기의존성 문제가 발생하여, 과거의 데이터를 잘 반영하기 위해 RNN 모형으로 발전하였다.

RNN모형에서 장기의존성 문제를 해결하기 위해 LSTM모형이 등장하였다.

30 답 : ① 패딩(Padding)

해당 설명은 패딩에 관한 설명이다.

PART 4 빅데이터 분석 결과 해석 정답 및 해설

01	④	02	②	03	②	04	③	05	④	06	②	07	④	08	③	09	①	10	③
11	③	12	②	13	④	14	②	15	①	16	①	17	(나)	18	②	19	②	20	②
21	④	22	④	23	④	24	②	25	③	26	②	27	③	28	①	29	③	30	②

01 답 : ④ 가 : TP / 나 : FN / 다 : FP / 라 : TN

예측이 긍정이면서 맞춘 것을 TP, 예측이 긍정이면서 틀린 것을 FP, 예측이 부정이면서 맞춘 것을 TN, 예측이 부정이면서 틀린 것을 FN이라고 한다.

02 답 : ② 향상도

향상도는 연관분석과 관련이 있다.

03 답 : ② 재현율 3/5, 정밀도 3/7

TP는 30, FP는 40, FN은 20이다. 재현율은 TP/(TP + FN)이므로 30/50이며, 정밀도는 TP/(TP + FP)이므로 30/70이 된다.

04 답 : ③ AUC

ROC 커브의 하단 면적을 AUC라고 하며, AUC를 분류 모형의 평가지표로 활용한다.

05 답 : ④ MSE란 실제값과 예측값의 오차 절대값의 평균을 계산한 것이다.

MSE란 실제값과 예측값의 오차 제곱합을 평균한 것이다.

06 답 : ② Q-Q Plot

Q-Q Plot에 대한 설명이다.

07 답 : ④ 모형의 학습률이 너무 높은 경우 학습 속도가 지나치게 느려질 수 있다.

모형의 학습률이 높은 경우 학습 속도가 빨라지며, 최적해를 구하기 어려워진다.

08 답 : ③ AdaGrad 기법은 학습률을 고정시켜 안정적인 수렴이 가능한 모형이다.

AdaGrad 기법은 Adaptive Gradient의 준말로, 갱신 상태를 적응하여 학습률을 조정하며 진행하는 방식이다. 초기에는 큰 폭으로 움직이며 점차 안정적으로 수렴한다.

09 답 : ① 부트스트랩(Bootstrap)은 선택적 복원 추출 방식으로 중복을 허용하지 않고 샘플을 추출한다.

부트스트랩은 랜덤 복원추출 방식 샘플링으로, 중복을 허용하여 추출을 진행한다.

10 답 : ③ 뉴런을 삭제하기 때문에 시간이 오래 걸리지 않는 장점이 있다.

드롭아웃은 은닉층의 뉴런을 무작위로 삭제하여 과적합을 방지하는 기법이다. 학습에 사용되는 뉴런이 일부 삭제되므로, 최적해를 찾아 나가는 시간이 오래 걸리는 단점이 있다.

11 답 : ③ 가) - 챔피언 모델, 나) - 모니터링

검토를 거친 후 최종 모형을 선정하면, 이를 챔피언 모델로 등록한다. 모델 개선과 업데이트, 모니터링을 통해 해당 모형을 교체하거나 지속

사용한다.

12 답 : ② LOOCV 기법은 전체 N개의 데이터 중 p개의 샘플을 선택하여 이를 반복 교차 학습시키는 것을 말한다.

LOOCV는 Leave-One-Out Cross Validation의 약자로, 전체 N개의 데이터 중 1개의 샘플을 검증 데이터로 사용하는 것이다. ②번 보기의 설명은 LPOCV에 대한 설명이다.

13 답 : ④ Weight of Neural Network

초매개변수란 사용자가 직접 설정해주는 값으로, 인공신경망의 가중치는 뉴런에서 모형이 계산하는 산출값이다.

14 답 : ② 등급별 향상도가 위아래로 진동할수록 좋은 모형이다.

향상도가 빠르게 감소하는 것이 좋은 모형이다. 등급별로 향상도가 진동하면 좋은 모형이라고 볼 수 없다.

15 답 : ① $\frac{100}{n}\sum_{i=1}^{n}\left|\frac{y_i - \hat{y}_i}{y_i}\right|$

MAPE는 평균절대비 오차로, 실제 값에 비해 오차의 비율이 차지하는 정도를 계산한 것이다.

16 답 : ① 실루엣 계수가 높을수록 좋은 군집 모형이다.

Dunn Index는 군집 간 거리의 최소값을 군집 내 거리의 최대값으로 나눈 지표이다. 실루엣 계수는 군집 내 응집도와 군집 외 분리도를 이용한 지표이다. 군집분석은 성능평가가 어려운 단점이 있다.

17 답 : (나)

실루엣 계수가 고르게, 높게 평가된 것이 좋은 군집이다.

18 답 : ② Durbin Watson 검정

잔차의 독립성은 Durbin Watson 검정을 통해 진행하며, kolmogorov-smirnov 검정, Shapiro Wilks검정은 잔차의 정규성 검정에 사용된다. 카이제곱 검정은 두 집단의 동질성 검정을 수행하는 데 사용된다.

19 답 : ② 최선의 대응은 무엇인가? - 대응 분석

"최선의 대응은 무엇인가?"에 대한 분석은 규범 분석의 유형에 해당한다.

20 답 : ② 분포 시각화

파이 차트는 대표적인 분포시각화 유형이다.

21 답 : ④ 체르노프 페이스 기법은 데이터의 관계를 보여주는 관계 시각화 유형이다.

체르노프 페이스는 비교시각화 유형에 해당한다.

22 답 : ④ 구조화

시각화 절차는 구조화 - 시각화 - 시각표현 순으로 진행된다. 해당 설명은 구조화에 대한 설명이다.

23 답 : ④ ㄱ - ㅁ - ㅂ - ㄹ - ㄴ - ㄷ

비즈니스 기여도 평가 분석 목적은 관찰 - 진단 분석 - 이상 탐지 - 실시간 대응 - 예측 - 최적화로 고차원화 된다.

24 답 : ② ROI

ROI란 Return of Investment로 투자 비용 대비 실제 얻는 이익을 말한다.

25 답 : ③ 정보형

인포그래픽은 설득형과 정보형 유형이 있다. 해당 그림은 정보 전달 목적으로 작성된 정보형 인포그래픽이다.

26 답 : ② 픽토그램

픽토그램은 의미하고자 하는 바를 그림으로 묘사한 표의 문자이다.

27 답 : ③ 후보 모형 중 성능이 가장 좋은 모형을 우선적으로 선택하여 배포한다.

성능이 가장 좋더라도 실제적인 환경에 따라 사용이 불가능한 모형이 존재할 수 있다. 따라서 사용자 편의성과 사용 환경 등을 고려한 후보 모형의 최종 선택이 필요하다.

28 답 : ① 가) – 가치사슬모형, 나) – 비즈니스 모델 캔버스

가치사슬모형 방법론은 분석 결과 활용 시나리오에 사용되며, 새로운 서비스의 비즈니스 모델을 정의하는 데 비즈니스 모델 캔버스를 이용할 수 있다.

29 답 : ③ 연속형 예측 모형을 모니터링 하는 경우 추적 신호(Tracking Signal) 지표를 사용한다.

추적 신호는 예측 모형 모니터링에 사용하는 평가 지표이다.

30 답 : ② 데이터 손실도

개선용 데이터 선정 기준에는 데이터 활용도, 데이터 변경도, 신규 영향 데이터, 데이터 오류율 등이 있다.

APPENDIX
빅데이터 분석기사 기출문제

- 2회 필기 복원 기출문제(2021년)
- 3회 필기 복원 기출문제(2022년)
- 4회 필기 복원 기출문제(2022년)
- 2회 실기 필답형 기출문제(2021년)
- 3회 실기 필답형 기출문제(2022년)
- 4회 실기 필답형 기출문제(2022년)

2회 필기 복원 기출문제(2021년)

APPENDIX

[제한 시간 : 120분]

✥ PART 1 빅데이터 분석 기획

01 다음 내용이 설명하고 있는 것으로 알맞은 개념은?

> 다양한 소스로부터 데이터를 추출, 변환, 적재하는 시스템

① 크롤링　　② Data Base　　③ ETL　　④ SQL

02 딥러닝(Deep Learning)의 특징으로 알맞은 것은?

① 딥러닝은 오류 역전파 알고리즘으로 학습한다.
② RNN 알고리즘은 이미지 학습에 탁월한 성능을 보인다.
③ 사라지는 경사도 개념은 알고리즘 성능에 효과적인 개선을 보여준다.
④ 드롭 아웃은 학습 시 활성화 함수를 제거하여 과대적합을 피하는 것이다.

03 데이터 분석 과정 순서로 알맞은 것은?

> ㄱ. 데이터 처리　　ㄴ. 데이터 분석　　ㄷ. 데이터 시각화
> ㄹ. 데이터 저장　　ㅁ. 데이터 수집

① ㄱ - ㄴ - ㄷ - ㄹ - ㅁ
② ㅁ - ㄹ - ㄱ - ㄴ - ㄷ
③ ㄷ - ㄱ - ㅁ - ㄹ - ㄴ
④ ㅁ - ㄱ - ㄹ - ㄴ - ㄷ

04 분류 또는 회귀모형에 사용되는 학습 기법으로 옳은 것은?

① 강화 학습　　② 지도 학습　　③ 전이 학습　　④ 비지도 학습

05 다음 중 데이터 비식별화 조치가 아닌 것은?

① K – 익명성　　② L – 다양성　　③ T – 접근성　　④ U – 유일성

06 비식별화란 데이터에 포함된 개인 식별 정보를 삭제하거나 알아볼 수 없는 형태로 변환하는 것을 말한다. 다음 중 데이터 익명화 조치에 포함되지 않는 것은?

① 가명처리(Pseudonym)　　② 특이화(Specification)
③ 치환(permutation)　　④ 섭동(perturbation)

07 다음 내용이 설명하고 있는 것으로 옳은 개념은?

> 데이터의 특이점, 또는 의미 있는 사실을 알아내기 위해 탐색적으로 분석하는 기법을 말한다.

① ETL　　② 데이터베이스　　③ 데이터 웨어하우스　　④ EDA

08 다음 중 데이터 분석 기획 수행 시 기업의 상황과 조치가 알맞게 짝지어진 것은?

> ㄱ. 분석 방법을 알지만, 분석 대상을 모르는 경우
> ㄴ. 분석 방법을 알면서, 분석 대상도 아는 경우
> ㄷ. 분석 방법은 모르지만, 분석 대상을 아는 경우
> ㄹ. 분석 방법을 모르고, 분석 대상도 모르는 경우

① 최적화 – ㄴ　　② 통찰 – ㄷ　　③ 솔루션 – ㄹ　　④ 발명 – ㄱ

09 다음 중 개인정보보호법 상 사전에 동의를 해야만 수집할 수 있는 정보를 고르시오.

① 교통법규를 위반하여 벌금을 부과하는 경우
② 입사 지원 시 전과조회를 하는 경우
③ 핸드폰 통신 요금을 부과하는 경우
④ 재난 상황이 발생하여 재난지원금 지급을 위해 개인정보를 얻어야 하는 경우

10 다음 중 정형 데이터의 품질 보증 방법이 아닌 것을 고르시오.

① 필수항목에 누락이 없는지 완전성을 검증한다.
② 콘텐츠 및 메타데이터 객체를 정확하게 식별해 낼 수 있는지, 적절하게 반영되고 있는지 검증한다.
③ 데이터가 지켜야할 구조, 표현 형태 등이 일관되고 일치하는지 검증한다.
④ 유효성 검증을 통해 데이터의 유효범위와 도메인을 충족하는지 검증한다.

11 다음 중 EDA에 대한 설명으로 알맞은 것은?

① 전략적이고 철저한 분석 계획을 세우고, 평가지표를 수립하여 분석하는 방식이다.
② 결과물이 기초통계치 보다는 유의확률, 신뢰구간 등으로 구성된다.
③ 데이터의 특이점과 의미 있는 사실을 도출하고, 구조적 관계를 알아내기 위한 기법의 통칭이다.
④ 도표, 그래프 등은 EDA에서 사용하지 않는다.

12 다음 보기 중 아래 내용에서 설명하는 빅데이터 분석 절차로 알맞은 것은?

> 수립한 절차에 따라 데이터가 수집된 후, 탐색된 데이터의 특성을 기반으로 알맞은 모형을 적용하고 분석하는 과정이다.

① 빅데이터 분석 기획   ② 빅데이터 탐색
③ 빅데이터 모델링   ④ 빅데이터 결과 해석

13 분석 모형을 해석하는 유형은 목적과상황에 따라 다르다. '진단 분석' 해석 유형을 통해 알고자 하는 목적은?

① 현재 무슨 일이 발생하였는가?   ② 필요한 조치는 무엇인가?
③ 무슨 일이 발생할 것 같은가?   ④ 어떻게, 왜 발생하였는가?

14 다음 중 이상치 발생 원인으로 타당한 오류가 아닌 것은?

① 처리 오류   ② 표본 오류
③ 보고 오류   ④ 실험 오류

15 데이터 종류에 따른 수집 방식으로 잘못 짝지어진 것은?

① 웹사이트 - FTP
② 비디오 - 스트리밍
③ DB - 크롤링
④ 제조 설비 데이터 - 센서

16 데이터 분석 수준 진단에서, '분석 성숙도의 수준 평가' 기준이 아닌 것은?

① 도입　　② 활용　　③ 최적화　　④ 인프라

17 정보 처리자가 수집된 개인 정보 처리시 명시를 하지 않아도 되는 경우를 고르시오.

① 개인정보 제3자 제공에 대한 동의
② 비식별화 조치 후 데이터 가명 처리 사실 및 내용에 대한 공개
③ 국외에 개인 정보를 처리 및 위탁하는 경우 동의
④ 정보를 파기하는 경우 파기 사유에 대한 고지

18 데이터 분석 방법 중 상향식 접근 방법(Bottom Up) 순서로 알맞은 것은?

| ㄱ. 프로세스 흐름적 탐색 | ㄴ. 프로세스 분류 |
| ㄷ. 분석요건 정의 | ㄹ. 분석요건 식별 |

① ㄱ - ㄴ - ㄹ - ㄷ
② ㄴ - ㄱ - ㄹ - ㄷ
③ ㄹ - ㄷ - ㄴ - ㄱ
④ ㄷ - ㄴ - ㄱ - ㄹ

19 데이터 품질 평가 기준 중 한 가지로, '필수 항목의 누락이 없음'을 평가하는 항목을 뜻하는 개념은?

① 유일성　　② 완전성　　③ 유효성　　④ 신뢰성

20 전사적 차원에서 데이터 체계를 확립하고, 분석 문화의 지속적인 개선과 확산 및 관리를 위해 요구되는 것은?

① 보안 Governance　　② ERP　　③ IT Governance　　④ Data Governance

PART 2 빅데이터 탐색

21 다음 상자 도표를 보고 알 수 없는 내용을 고르시오.

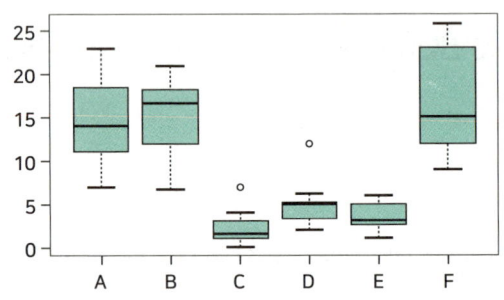

① 각 범주의 평균
② 각 범주의 분산
③ 각 범주의 중앙값
④ 각 범주의 이상치

22 다음 중 변수 선택법이 아닌 것을 고르시오.

① 임베디드(Embedded)
② 래퍼(Wrapper)
③ 주성분 분석(PCA)
④ 필터(Filter)

23 각종 확률분포에 대한 설명으로 옳은 것은?

① 포아송 분포의 분산은 평균의 제곱이다.
② 카이제곱 분포는 K개의 독립적인 변수를 제곱하여 얻어진 분포로, 자유도는 K이다.
③ 자료가 정규분포를 따르는 경우, 알고자 하는 모집단의 모수는 1개이다.
④ 베르누이 확률변수 X는 초기하 분포를 따른다.

24 다음 중 파생 변수 생성 방법이 아닌 것을 고르시오

① 연속형 데이터를 구간 별로 나눈 변수
② 데이터 수집 시기에 따른 변수
③ 두 변수 간의 교호작용을 통해 계산한 변수
④ 주소 데이터에서 특정 행정 단위를 추출한 변수

25 어떤 한 제조회사는 A, B, C 공장 세 곳에서 제품을 생산하고 있는데 각각의 생산률은 50%, 30%, 20%이고 불량률은 각각 1%, 2%, 3%이다. 제품 중에서 무작위로 고른 제품이 불량일때, 그 불량품이 A공장에서 생산됐을 확률을 구하시오.

① 5/12
② 8/17
③ 5/8
④ 5/17

26 아래 표는 어떤 고등학교 학생 25명의 키를 측정한 자료이다. 아래와 같은 조건으로 가설검정을 수행할 시, 95% 신뢰구간을 구하시오.

평균 : 170cm , 표준 편차 : 5cm
H_0(귀무가설) : 학생들의 키 평균은 170이다.
H_1(대립가설) : 학생들의 키의 평균은 170이 아니다.

신뢰계수			
$t_{(0.025, 24)}$	2.064	$t_{(0.025, 25)}$	2.060
$t_{(0.05, 24)}$	1.711	$t_{(0.05, 25)}$	1.708

① (168.29, 171.71)
② (167.94, 172.06)
③ (168.29, 172.06)
④ (167.94, 171.71)

27 어떤 제품의 수명이 지수분포를 따르며, 다섯 개 표본의 수명을 조사한 결과 아래 보기와 같다. 제품 수명의 모수를 추정하고자 할 때, 우도 함수의 최대 값을 찾기 위해 MLE(Maximum Likelihood Estimation)를 활용하여 최대우도를 추정하시오. (각각 제품의 수명은 독립적이다.)

지수 분포 = $f(x) = \theta e^{-\theta x}$
표본 = 3, 3, 3, 1, 2

① 5/12
② 12/5
③ 1/3
④ 17/5

28 아래 내용 중 기술 통계량에 관한 설명으로 옳은 설명을 모두 고르시오.

> 가) 기초통계량 분석은 간단한 통계수치와 그래프로 분석한다.
> 나) 변수의 개수에 따라 다중 산점도와 단순 산점도를 활용할 수 있다.
> 다) 산점도나 사분위 차트에서 이상치를 확인할 수 있다.

① 가
② 나
③ 다.
④ 가, 나, 다

29 다음 보기 중 다변량 변수 간에 활용할 수 있는 비교 통계량으로 알맞은 것은?

① P-value
② 표준 분산
③ 회귀 계수
④ 표본 상관 계수

30 다음 아래 그래프의 이름으로 알맞은 것은?

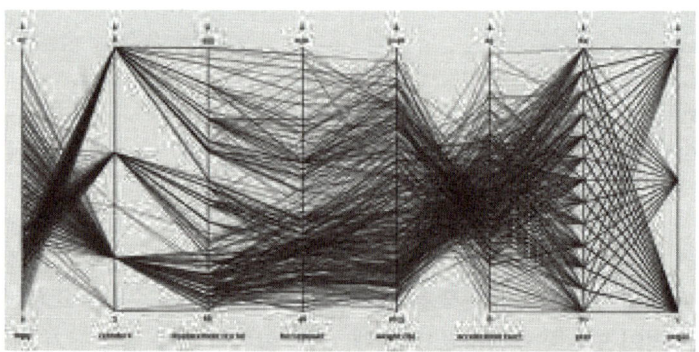

① 병렬 차트(Parallel Chart)
② Sankey Diagram
③ 밀도 그래프
④ 버블 차트

31 정규분포를 따르는 어떤 고등학교의 성적을 아래와 같은 가설검정으로 수행하고자 할 때, ⟨표 1⟩의 유의확률과 ⟨표 2⟩의 검정력을 구하시오. (단, 각 표의 귀무가설과 대립가설의 확률분포는 동일하다고 가정한다. P(Z < 1) = 0.8413, P(Z < 1.5) = 0.9332, P(Z < 2) = 0.9772)

⟨표 1⟩
H_0 : 평균은 90 이하이다.
H_1 : 평균은 90 이상이다.
실제 평균은 94, 분산은 4이다. 이때 유의확률을 구하시오.

⟨표 2⟩
H_0 : 평균은 90 이하이다.
H_1 : 평균은 90 이상이다.
실제 평균은 92, 분산은 4이다. 이 때 검정력(1−2종오류(β))을 구하시오

① 0.0668 / 0.8413
② 0.0228 / 0.8413
③ 0.0668 / 0.1587
④ 0.0228 / 0.1587

32 다음 중 점 추정 조건에 대한 설명으로 옳지 않은 것은?

① 일치성 : 표본의 크기가 증가할수록 표본 추정량이 정확하다.
② 불편성 : 표본에서 얻은 추정 값은 모수와 차이가 있다.
③ 효율성 : 최소의 분산을 가지는 추정량이 효율적이다.
④ 충분성 : 모수에 대한 정보를 충분히 반영한다.

33 가설 설정을 수행할 때 범할 수 있는 오류의 종류와 개념으로 알맞게 짝지어진 것을 고르시오.(H_0 : 귀무가설)

	H_0가 사실이라고 판정	H_0가 사실이 아니라고 판정
H_0가 사실일 때	A	B
H_0가 사실이 아닐 때	C	D

① A : 정확히 일치 / B : 제1종 오류 / C : 제2종 오류 / D : 정확히 일치
② A : 정확히 일치 / B : 제2종 오류 / C : 제1종 오류 / D : 정확히 일치
③ A : 정확히 일치 / B : 정확히 일치 / C : 제1종 오류 / D : 제2종 오류
④ A : 제1종 오류 / B : 제2종 오류 / C : 정확히 일치 / D : 정확히 일치

34 빅데이터 규모가 증가하면서, 학습 모델의 성능이 저하되는 차원의 저주가 발생하였다. 차원의 저주를 방지할 수 있는 방법으로 알맞은 것은?

① 주성분 분석(PCA)을 활용한다.
② 파생 변수를 생성한다.
③ 분석 수행 전 잔차 진단을 수행한다.
④ 앙상블 모형을 활용한다.

35 EPL 프리미어 리그의 축구선수는 팀 전체 연봉의 50%를 소수의 선수들이 차지하고 있다. 축구선수들의 평균적인 연봉을 알고자 하는 경우, 어떤 통계량을 사용하여야 하는가?

① 분산
② 이상치
③ 최빈값
④ 중위수

36 층화추출 관련 문제 출제

37 데이터가 불균형한 경우 할 수 있는 샘플링 기법으로 옳지 않은 것을 고르시오

① Clustering
② Over Sampling
③ Under Sampling
④ SMOTE

38 모집단이 정규분포를 따를 때 표본 평균에 대한 설명으로 옳지 않은 것은?

① 모집단의 분포와 상관없이, n이 30이상인 경우 표본평균의 분포는 정규분포를 따른다.
② 표본 평균은 모평균의 불편 추정량이다.
③ n이 커지면 표본 오차가 커진다.
④ n의 크기와 상관없이 정규분포를 따른다.

39 다음 보기 중 나머지 3개와 다른 유형의 분석 방법은?

① F분포
② 지수분포
③ 이항분포
④ 정규분포

40 어떤 모집단이 정규분포 X ~ N(a, b)를 따른다. 표본 평균에 대한 설명으로 옳지 않은 것은?

① 표본 N의 크기와 상관없이 표본 평균은 정규분포를 따른다.
② 표본 N의 크기가 30보다 작은 경우 표본평균은 t분포를 따른다.
③ 모집단이 t분포를 따르는 경우, N이 30보다 큰 경우 표본평균은 정규분포를 따른다.
④ 모분산 b를 모르는 경우 표본 분산을 사용한다.

PART 3 빅데이터 모델링

41 회귀 모형이나 통계분석을 수행할 때, 변수를 전부 선택하여 모형을 생성하지 않는다. 아래 설명이 말하는 변수 선택법으로 알맞은 것은?

> 전체 모형에서 시작하여, 유의하지 않는 변수를 제거하여 모형을 축소시키는 방식이다.

① 후진소거법 ② 전진선택법
③ 단계적선택법 ④ 모형축소법

42 NN(Neural Network), 인공신경망은 어떤 값을 알아내는 것이 모형의 목적인지 고르시오.

① 커널 값(Kernel) ② 뉴런 값 (Neuron)
③ 가중치 (Parameter) ④ 오차 (Error)

43 CNN(Convolutional Neural Network) 모형은 여러 번의 데이터 처리 과정을 거쳐 데이터의 특징을 추출한다. 각 Layer가 아래와 같은 크기를 가질 때, 출력되는 Feature Map의 크기는 몇인지 고르시오.

> Shape = 5 × 5, Stride = 1,
> Kernel = 3 × 3, Padding = No

① (2x2) ② (3x3) ③ (4x4) ④ (5x5)

44 회귀분석 등 통계모형을 수행할 때 잔차 진단을 수행하여 모형의 타당성을 사전 검증한다. 다음 중 잔차 진단에서 알고자 하는 항목이 아닌 것은?

① 잔차의 선형성 ② 잔차의 정규성
③ 전차의 등분산성 ④ 잔차의 독립성

45 다음 중 SVM(Support Vector Machine)에 대한 설명으로 옳지 않은 것은?

① SVM 모형 구축 시 연산 속도가 빠르다.
② 분류모형과 예측모형 두 가지 유형에 모두 사용 가능하다.
③ 저차원과 고차원 데이터 관계없이 잘 작동한다.
④ 비선형 문제는 커널 트릭(Kernel Trick)을 활용하여 해결할 수 있다.

46 다음 중 다차원 척도법에 대한 설명으로 옳지 않은 것은?

① 고차원의 데이터를 저차원으로 표현하여 데이터 축소의 효과가 있다.
② 개체들 간의 유사성을 활용하여 개체들 간의 거리를 표현한다.
③ 데이터를 소수 차원의 공간에 기하학적으로 표현한다.
④ 데이터의 구조를 쉽게 파악하고 탐색하기 위한 수단으로 사용된다.

47 모형의 과적합을 피하는 방법으로 제약식을 추가하는 것이 있다. 아래 수식에서 나타내고 있는 규제 종류는?

$$\omega = argmin\left[\sum_{i=1}^{n} e_i^2 + \lambda \sum_{i}^{m} |\omega_j|\right]$$

① Hybrid
② Elastic Net
③ Ridge
④ Lasso

48 다음 보기 중 빅데이터 모델링 절차로 옳은 것은?

| ㄱ. 데이터 수집 및 처리 | ㄴ. 분석 알고리즘 수행 | ㄷ. 분석 결과 평가 및 모형 선정 |

① ㄱ - ㄴ - ㄷ
② ㄱ - ㄷ - ㄴ
③ ㄷ - ㄱ - ㄴ
④ ㄷ - ㄴ - ㄱ

49 분석하고자 하는 자료의 독립변수가 연속형, 종속변수가 범주형일 때 사용할 수 있는 분석 방법은?

① 선형 회귀 분석　② 로지스틱 회귀 분석　③ 연관성 분석　④ 군집 분석

50 아래 표는 혼동행렬(Confusion Matrix)를 사용하여 자료의 재현율(Recall, TP Rate)과 거짓 긍정률(FP Rate)을 구하시오.

		실제		
		TRUE	FALSE	
예측	TRUE	45	5	50
	FALSE	15	35	50
		60	40	

① TP : 1/8 , FP : 3/4
② TP : 3/4 , FP : 1/8
③ TP : 1/4 , FP : 1/10
④ TP : 1/10 , FP : 1/4

51 단일 모델보다 복수 모델을 활용하여 모델 성능을 개선할 수 있다. 다음 중 분석모형 융합 방법과 모델이 알맞게 짝지어진 것은?

① 배깅 - AdaBoost
② 배깅 - 랜덤포레스트
③ 부스팅 - 랜덤포레스트
④ 부스팅 - GBM

52 Baysian 정리를 활용하려고 한다. P(A), P(B), P(X|A) P(X|B)를 이미 알고 있을 때, P(B|X)를 표현 하시오. (단, A와 B는 각각 독립이다.)

① $\dfrac{P(X|B)P(B)}{P(A|X)P(A) + P(X|B)P(B)}$

② $\dfrac{P(X|B)P(B) + P(X|A)P(A)}{P(X|B)P(B)}$

③ $\dfrac{P(X|B)P(B)}{P(X|A)P(A) + P(X|B)P(B)}$

④ $\dfrac{P(X|B)P(B)}{P(X|A)P(A)}$

53 모델 학습을 위한 데이터 셋 분할 방법 중, 학습 데이터, 검증용 데이터, 테스트용 데이터 세 가지로 분리하는 방법을 일컫는 단어는?

① Hold – Out ② K-Fold
③ LOOCV ④ 부트스트랩

54 다음 보기 중 비지도 학습을 적용하기에 적절한 문제는?

① 다음 날 비가 올지 예측하는 문제
② 페이스북에 올라온 사진을 군집별로 묶는 문제
③ 기업의 부도여부 등 신용도를 평가하는 신용평가 모형
④ 부동산 관련 변수를 사용하여 값을 예측하는 문제

55 아래 그림은 MNIST 데이터로, 손으로 쓰여진 숫자의 이미지 데이터이다. 이 손글씨 데이터를 활용한 필체 분석으로 옳은 것은?

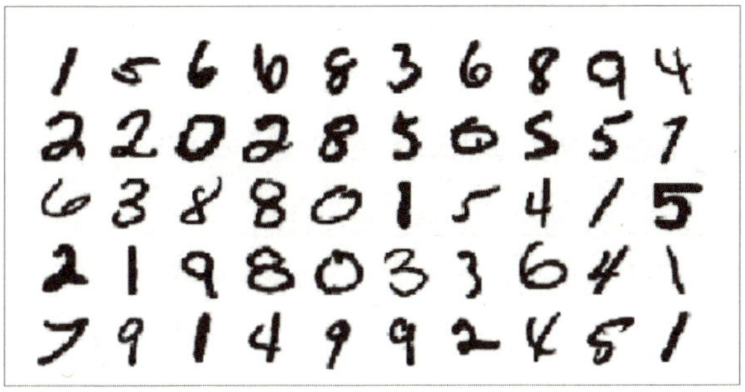

① 분류 모형 ② 예측 모형
③ 회귀 모형 ④ 연관성 모형

56 어느 고등학교의 교복 표준 치수를 설정하고자 한다. 가슴둘레, 팔 길이, 키 등을 고려해야할 때 적절한 분석 방법은?

① 연관성 분석 ② 분류 분석
③ 군집화 분석 ④ 예측 분석

57 다음 보기 중 시계열 분석 요인이 아닌 것은?

① 백색 잡음　　　　　　　　　② 이항 분포
③ AR(자기 회귀)　　　　　　　④ MA(이동 평균)

58 다음 보기 중 비정형 데이터와 데이터 표현방식이 잘못 짝지어진 것은?

① 텍스트: 단어(1-on-n) 문장　　② 음성: 정적함수 $y = f(x)$
③ 이미지: 픽셀　　　　　　　　④ 동영상: 스트리밍

59 다음 중 Random Forest 모형에 관한 설명으로 옳지 않은 것은?

① 연산 속도가 빨라 모델을 학습하는 시간을 절약할 수 있다.
② 의사결정나무를 기반으로 모방하여 제안된 모형이다.
③ 샘플링은 부트스트랩 방법론을 활용한다.
④ 이론적 설명이나 결과에 대한 해석이 어려운 단점이 있다.

60 K - Fold 교차 검증에 대한 설명으로 옳지 않은 것은?

① K 개의 데이터를 사용하여 검증하는 방식이다.
② K-1 개의 데이터 셋을 학습 데이터 셋으로 활용한다.
③ 데이터 셋을 전부 활용하므로 성과지표를 더욱 신뢰할 수 있다.
④ 반복 연산으로 시간이 많이 걸리는 단점이 있다.

PART 4 빅데이터 결과 해석

61 빅데이터에서 분산과 편향은 데이터의 특성을 나타낸다. 다음 중 분산과 편향의 설명으로 옳은 것은?

① 편향은 데이터의 퍼진 정도를 나타낸다.
② 우수한 모델은 적은 편향과 분산을 가진다.
③ 높은 분산을 갖는 모형은 안정성 측면에서 신뢰할 수 있는 결과값을 가진다.
④ 편향이 0에 가까울수록 정답에서 멀리 떨어진 경향을 보인다.

62 딥러닝에서 사용되는 Parameter 들에 대한 설명으로 옳은 것은?

① 초매개변수(Hyper Parameter) : 모형에서 계산되는 것이 아닌 사용자가 직접 설정하는 값이다.
② 학습률(Learning Rate) : 학습률을 적게 설정하면 모형을 비교적 빠르게 학습할 수 있다.
③ 가중치 : 한 번 계산된 가중치는 갱신되지 않는다.
④ 배치(Batch) : 데이터가 학습에 반복 사용되는 횟수를 말한다.

63 아래 산점도는 2개의 연속형 변수를 나타낼 수 있다. 산점도와 유사한 형태로 3개 이상의 연속형 변수를 하나의 좌표 그래프에 표현할 수 있는 시각화 기법은?

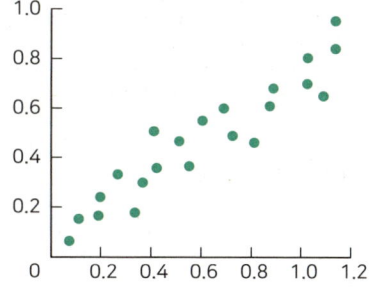
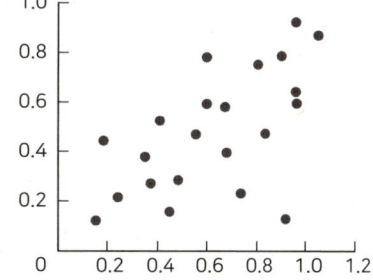

① 파이 차트
② 도넛 차트
③ 트리 맵
④ 버블차트

64 다음 보기 중 각 축을 변수에 대응하도록 하여 축끼리 연결한 후, 변수 값에 비례하도록 표현한 시각화 기법으로 옳은 것은?

① Pivot Table
② Pie Chart
③ Floating Chart
④ Star Chart

65 두 개의 Class를 가진 데이터가 불균형인 경우 할 수 있는 조치로 옳지 않은 것은?

① 비교적 적은 데이터를 증가시킨다.
② 비교적 많은 데이터를 감소시킨다.
③ 하나의 Class에 Weight를 준다.
④ 목표 변수에 대한 임계값을 조절한다.

66 다음 중 ROC Curve에 대한 설명으로 옳지 않은 것은?

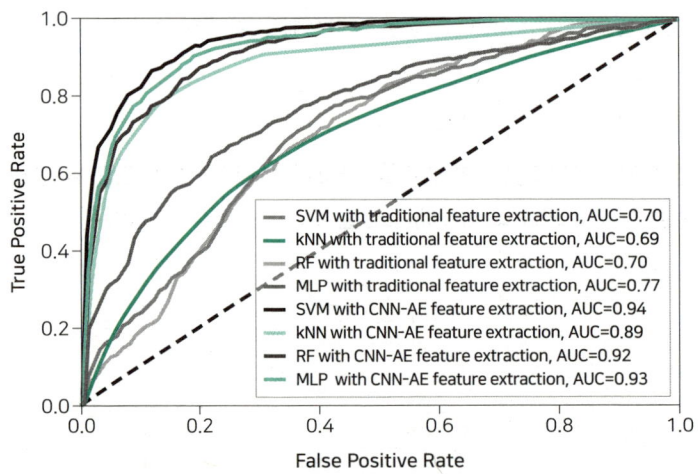

① AUC란 ROC Curve의 하단 면적을 뜻한다.
② ROC Curve의 X 축은 특이도(Specify)이다.
③ ROC Curve의 Y 축은 민감도(Sensitivity)이다.
④ 커브가 45도에 가까울수록 성능이 좋지 않다.

67 혼돈행렬(Confusion Matrix)의 성분과 알맞게 짝지어진 것으로 옳지 않은 것은?

① TN : 특이도
② TP : 민감도
③ FP : 1 – 특이도
④ FP + FN : AUC

68 다음 보기 중 딥러닝에서 사용되는 초매개변수(Hyper parameter)로 옳은 것은?

① 오차(Error)   ② 가중치   ③ 은닉층의 개수   ④ 회귀 계수

69 K – Means 군집 분석을 수행할 때, 군집 개수를 결정하는 방법으로 옳은 것은?

① K-Fold Cross Validation
② Elbow 기법
③ DBSCAN 기법
④ 엘라스틱 넷

70 다음 설명은 어떤 평가지표에 대한 설명이다. ⓐ, ⓑ 기호에 들어갈 개념으로 알맞은 것은?

> F1 Score는 ⓐ와(과) ⓑ를(을) 결합하여 만든 지표로, 분류 모형의 평가지표로 활용된다.

① ROC, AUC   ② 정밀도, 특이도   ③ 특이도, 재현율   ④ 정밀도, 재현율

71 다음 보기 중 종속 변수(Y값)의 데이터 유형에 따른 모델링 및 분석 방법으로 옳지 않은 것은?

① 연속형 종속 변수에 Confusion Matrix 사용은 부적절하다.
② 회귀모형 혹은 분류모형 여부에 따라 평가지표를 다르게 사용한다.
③ 이진형 종속변수에 RMSE는 부적절하다.
④ 분류 모형은 주로 TS(Tracking Signal)을 사용하여 모니터링한다.

72 적합도 검정 중 범주형으로 이뤄진 관측 값에 대하여 가정된 분포와의 적합도를 검정하는 기법은?

① Kruscal Wallis 검정
② Shapiro Wilks 검정
③ K-S(Kolmogorov Smirnov) 검정
④ 카이제곱 검정

73 데이터 시각화 개념 중 인포그래픽(Infographic)에 관한 설명 중 옳지 않은 것은?

① 시각적 효과로 흥미와 관심을 유발할 수 있다.
② 최근 인터넷의 활성화로 정보 전파에 부작용이 있을 수 있다.
③ 복잡한 빅데이터는 시각화가 복잡해지는 경향이 있다.
④ 메시지와 스토리텔링을 담아 오랜 기억 유지에 용이하다.

74 최종 모형 선정 기준으로 잘못 짝지어진 것은?

① 분류형 모델 : 분류 정확도
② 텍스트 마이닝 : 텍스트 매칭률
③ 설명형 모델 : 밀도 및 군집도
④ 분류형 모델 : 밀도 및 군집도

75 다음 중 분류모형 평가지표에 대한 설명으로 옳지 않은 것을 모두 고르시오.

① 정밀도 : 긍정으로 예측한 대상 중 실제값과 일치하는 비율이다.
② 민감도 : 실제 긍정인 대상 중 예측값과 일치하지 않는 비율이다.
③ 특이도 : 실제 부정인 대상 중 예측값과 일치하지 않는 비율이다.
④ 오류율 : 실제 데이터와 예측 데이터의 총 오류율을 판단한다.

76 다음 중 모형의 정규성을 확인하는 모형진단 방법이 아닌 것은?

① K-S(Kolmogorov-Smirnov) 검정
② Q - Q Plot
③ Shapiro - Wilk 검정
④ Wilcoxon 부호 순위 검정

77 다음 보기 중 분석 결과의 옳은 활용 방법이 아닌 것은?

① 분석 모니터링을 통해 모형을 꾸준히 유지보수 하여야 한다.
② 분석 모델 배포의 장애물로 개발계와 운영계의 환경 차이가 있다.
③ 분석 모델 배포 후 주기적인 리모델링을 통해 모형을 개선한다.
④ 데이터가 많을 때, 훈련 데이터로만 학습하고, 검증은 하지 않아도 신뢰도가 높다.

78 아래 그림은 1954년부터 1962년 까지의 시계열 데이터를 이용하여 분석한 결과이다. 아래의 분해 시계열 그림에서 찾을 수 없는 시계열 성분은?

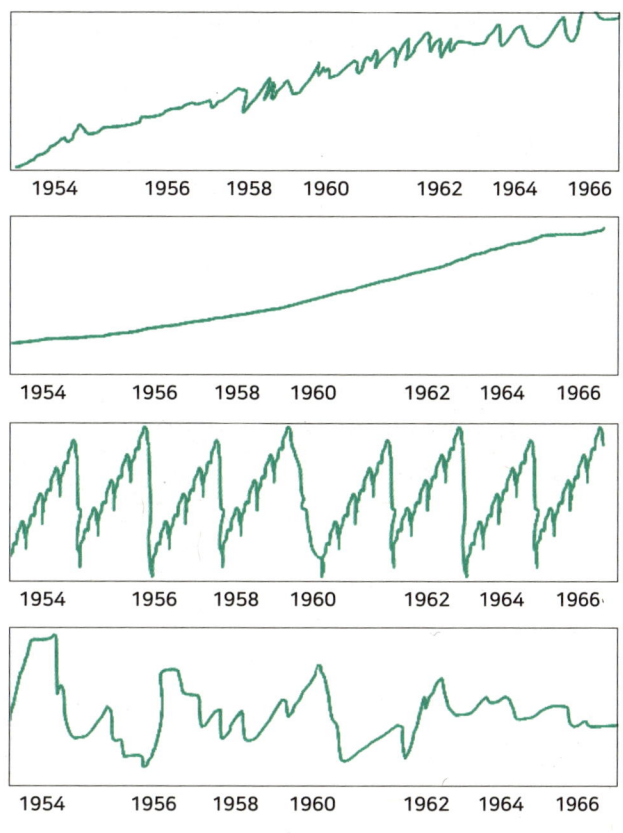

① 예측 ② 잔차
③ 계절성 ④ 추세(경향)

79 아래 회귀모형의 설명력이 유의한 지 가설검정을 수행한 결과이다. 회귀분석 결과에 대한 해석으로 모두 옳은 것은?

종속	독립	B	SE	베타	t	p
종속변수 (Y)	상수	0.778	0.211	–	2.481	0.014
	X_1	0.283	0.051	0.333	7.102	0.000
	X_2	–0.01	0.029	–0.015	–0.611	0.61
	X_3	0.25	0.043	0.287	7.056	0.00
	X_4	0.369	0.34	0.138	1.569	0.117

ㄱ. 위 모형에서 두개의 변수를 제거 가능하다.
ㄴ. P-value가 크기 때문에 귀무가설을 채택하지 못한다.
ㄷ. x_1이 가장 결정계수가 높을 것이다.

① ㄱ   ② ㄱ, ㄷ   ③ ㄴ, ㄷ   ④ ㄱ, ㄴ, ㄷ

80 아래 자료는 어떤 자료의 잔차(Residual)를 그래프로 나타낸 것이다. 아래 자료에 대한 설명으로 옳은 것은?

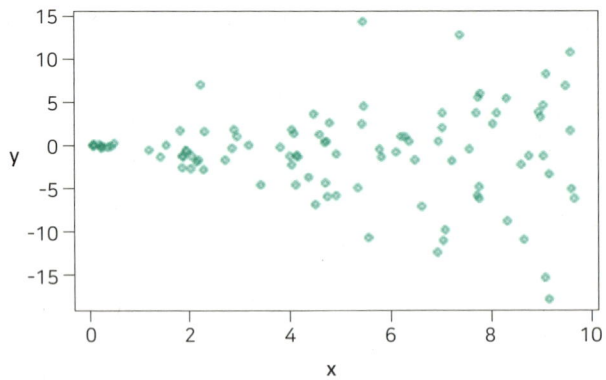

① 위 자료는 정규성을 따르지 않는다.
② 위 자료는 등분산성을 따른다.
③ 위 자료의 경우 로그를 활용하여 회귀 진단을 만족할 수 있다.
④ 위 자료는 잔차 진단을 모두 만족하는 자료이다.

정답 및 해설은 p.127에 있습니다.

APPENDIX 3회 필기 복원 기출문제(2022년)

[제한 시간 : 120분]

PART 1 빅데이터 분석 기획

01 빅데이터 분석 절차 및 작업 계획 수립 단계에서 가장 먼저 수행하는 업무로 적절한 것은?

① 도메인 이슈 도출 ② 분석 목표 수립
③ 프로젝트 계획 수립 ④ 분석 결과 시각화

02 다음 중 빅데이터 3V 요소가 아닌 것은?

① Velocity ② Volume
③ Value ④ Variety

03 다음 중 데이터를 추출하고 변환하고 저장하는 데이터 처리 시스템을 일컫는 단어는?

① Data Base ② Data Warehouse
③ OLAP ④ ETL

04 데이터 분석 계획 중 마스터 플랜 수립 과정에 대한 설명으로 옳은 것은?

① 마스터 플랜 수립 시 분석 과제의 사용 용이성은 고려하지 않아도 된다.
② 우선 순위 고려 요소에는 ROI/투자비용 요소가 있다.
③ 마스터 플랜 우선 순위 평가는 분석 과제 도출 → 우선 순위 평가 → 우선 순위 조정 순으로 진행한다.
④ 데이터 수집과 확보를 반복적으로 진행하고, 모델링 단계는 반복 없이 순차적으로 진행한다.

05 하둡 에코 시스템에서 ETL 역할을 하는 시스템으로 옳은 것은?

① Oozie
② Pig
③ Tazo
④ Hbase

06 Transaction 중심 시스템과 비교하여 Data Warehouse의 특징이 아닌 것은?

① 통합성
② 주제 지향성
③ 소멸성
④ 시계열성

07 다음 중 전수 검사를 시행하는 분석 대상으로 옳은 것은?

① 공장에서 생산되는 전구 수명 예측
② 우주 왕복선에 사용되는 부품
③ 암 치료제의 효능 분석
④ 동해안의 고래 수 조사

08 빅데이터 개인정보보호 가이드라인에는 개인의 보호를 위해 민감 정보를 처리할 수 없도록 명시하고 있다. 다음 중 민감 정보에 해당하지 않는 사례는?

① 개인의 종교 활동과 관련된 정보
② 개인의 취미 생활에 대한 정보
③ 개인의 건강 상태가 기록된 의료 정보
④ 개인의 정치 성향에 대한 기록

09 다음 중 개발자와 비교하여 데이터 사이언스에게 요구되는 필요 역량이 아닌 것은?

① 도메인 지식을 결합하여 분석을 기획하고 모델링하여 인사이트를 도출한다.
② 분석된 내용을 청중이 잘 이해할 수 있도록 커뮤니케이션 역량을 활용하여 스토리텔링 한다.
③ 시스템 구축을 위해 데이터를 가공하여 소프트웨어를 프로그래밍 하고 개발한다.
④ 분석기술에 대한 숙련도를 쌓아 분석 설계와 노하우를 축적한다.

10 Hbase, 카산드라(Cassandra)와 같이 반정형 및 비정형 데이터를 처리하는데 사용되는 것은?

① RDBMS
② NoSQL
③ HDFS
④ Map Reduce

11 다음 중 개인정보 보호 원칙으로 옳지 않은 것은?

① 사용 목적에 맞게 사용할 경우를 제외하고 사생활 침해를 최소화하여야 한다.
② 데이터를 익명처리 해야 하는 중요한 정보인 경우에는 익명으로 처리될 수 있도록 한다.
③ 개인정보처리자는 책임과 의무를 다하여 개인정보를 보호해야할 의무가 있다.
④ 개인정보 처리에 관한 사항을 공개하여야 하며, 목적 외의 용도로 활용하여서는 아니 된다.

12 아래 설명하고 있는 개념으로 옳바른 것을 고르시오.

> 2018년 유럽 연합(EU)은 개인정보 보호를 위해 사생활 보호와 개인정보 보호가 가능한 규제를 규칙을 정립하였다.

① PDA (Private Data Act)
② DPA (Data Protection Act)
③ PPP (Private Protection Policy)
④ GDPR(General Data Protection Regulation)

13 빅데이터 분석 개발 절차로 알맞게 나열된 것은?

> ㄱ. 시스템 구현 ㄴ. 평가 및 전개
> ㄷ. 분석 기획   ㄹ. 데이터 분석
> ㅁ. 데이터 준비

① ㄷ - ㄱ - ㄷ - ㄹ - ㅁ
② ㅁ - ㄷ - ㄹ - ㄴ - ㄱ
③ ㅁ - ㄹ - ㄷ - ㄱ - ㄴ
④ ㄷ - ㅁ - ㄹ - ㄱ - ㄴ

14 다음 중 빅데이터 분석 과정 중 데이터 수집과 관련된 내용으로 옳지 않은 것은?

① 데이터 수집 시 정확성과 수집비용을 검토해야한다.
② 분석 데이터 수집 시 분석주기는 고려하지 않아도 된다.
③ FTP는 TCP/IP 프로토콜을 기반으로 서버와 클라이언트 사이에 파일 송수신 기능을 한다.
④ 수집 전 데이터 수집을 위한 수집 기획 과정이 필요하며, 수집 기술과 타겟을 상세히 정의해야 한다.

15 다음 중 데이터 분석 시 재현 자료의 특징으로 옳지 않은 것은?

① 분석 시 모집단과 동일한 데이터를 추출하여 동일한 분석 기법을 적용한다.
② 정보의 주체를 알아볼 수 있도록 원본 데이터를 식별 가능하게 재현한다.
③ 모집단과 통계적으로 동일한 구조와 특성을 갖도록 해야 한다.
④ 재현 데이터는 보안에 취약한 단점이 있다.

16 빅데이터 사회 전반에 미칠 수 있는 영향으로 옳지 않은 것은?

① 제조 데이터 활용으로 생산 속도가 증가한다.
② 경험 기반 의사결정보다 더욱 정확한 의사결정을 내릴 수 있다.
③ 사회 전반적인 병목 현상을 최적화하여 효율적으로 개선할 수 있다.
④ 빅데이터 활용으로 재택근무가 감소한다.

17 아래 내용이 설명하는 개념으로 알맞은 것은?

> B회사가 직접 개인정보 제공자에게 동의를 구하여 A회사에 보관된 개인 정보를 열람할 수 있다.

① 기업간 공유   ② 마이데이터
③ 데이터 3법   ④ 개인정보보호 포털

18 기존 전통적인 기계학습과 빅데이터를 활용한 인공지능(AI) 분석 방법의 차이점이 아닌 것은?

① 기계학습은 학습하고자 하는 특성을 사전에 지정하여 수학적 통찰력을 통해 의미를 도출하는 방법이다.
② 기존의 기계학습은 비교적 적은 데이터로 통계적인 추론을 통해 문제를 해결하는 방식이었다.
③ 인공지능은 기계학습보다 대부분의 경우 좋은 성능을 보이므로, 기계학습을 대체할 기술로 평가 받는다.
④ 최신 인공지능은 문제를 탐색하고 해결하는 과정을 스스로 학습하고 결과를 도출할 수 있다.

19 다음 중 비식별화 방법으로 옳지 않은 것은?

① 범주화
② 값 대체
③ 마스킹(Masking)
④ 총계 처리

20 빅데이터 분석 방법론 절차 중 '데이터 분석' 절차에서 진행되지 않는 것은?

① 탐색적 분석 및 시각화
② 데이터 수집 및 정합성 검정
③ 모델 평가 및 검증
④ 모델 적용 및 운영 방안 수립

PART 2 　 빅데이터 탐색

21　PCA 주성분 분석에 대한 설명으로 옳지 않은 것은?

① 차원 축소 기법 중 하나이다.
② 분산이 가장 작은 성분부터 고른다.
③ 공분산 행렬의 고유값의 합은 대각행렬의 원소들의 합과 같다.
④ 공분산 행렬의 고유값의 합은 원 데이터의 분산의 합과 같다.

22　다음 중 점추정의 조건 및 기준으로 옳지 않은 성질은?

① 불편성　　　　　　　　　② 효율성
③ 일치성　　　　　　　　　④ 편이성

23　다음 중 불균형(비대칭) 데이터와 관련한 설명을 옳지 않은 것은?

① 비대칭 데이터셋에서는 정확도(accuracy)가 높아도 재현율(recall)이 급격히 작아지는 현상이 발생하게 된다.
② 데이터가 단순히 많은 쪽이 정확도가 높아서 품질검증이 어렵다.
③ 모델이 데이터가 많은 쪽의 데이터만 사용해서 학습을 해서 과적합이 발생한다.
④ 민감도는 전체 중에 정답인 수의 비율이며 불균형 데이터로 모델을 돌렸기 때문에 민감도가 높아도 일반화하기 어렵다.

24　다음 중 상관 계수에 대한 설명으로 알맞은 것은?

① 피어슨 상관계수는 자료 간의 순위를 이용하여 산출한 상관계수이다.
② 상관계수가 0에 가까우면 자료가 선형적인 상관 관계를 따른다.
③ 상관계수가 −1이면 강한 음의 상관 관계를 지닌다.
④ 상관 분석은 범주형 자료 간의 상관성을 찾는데 주로 사용된다.

25 다음 중 차원 축소에 대한 설명으로 옳지 않은 것은?

① 변수 선택(Feature Selection)을 통해 차원을 축소할 수 있다.
② 주성분 분석으로 차원축소 할 때, 고유벡터 행렬 대각성분이 공분산 행렬의 고유값이 된다.
③ 특이값 분해 기법은 여러 개의 행렬을 하나의 행렬로 통합시키는 것을 말한다.
④ 비음수 행렬 분해는 음수 미포함 행렬에 대하여 차원 축소를 수행한다.

26 다음 중 아래 그래프와 같은 분포일 때, 왜도와 최빈값, 중앙값과 평균값 사이의 관계로 옳은 것은?

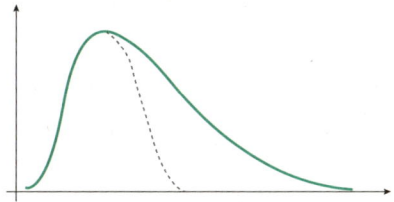

① 왜도 < 0, 평균 < 최빈값 < 중앙값
② 왜도 > 0, 최빈값 < 중앙값 < 평균
③ 왜도 > 0, 중앙값 < 최빈값 < 평균
④ 왜도 < 0, 평균 < 중앙값 < 최빈값

27 다음 중 자료의 불순도를 나타내는 지표로 옳은 것을 모두 고르시오.

① 지니(Gini) 지수
② 엔트로피(Entropy) 지수
③ Dunn 지수
④ Silhouette 지수

28 데이터 정제 단계에서 수행되는 작업으로 옳은 것은?

① 결측값과 이상치 처리를 통해 데이터의 신뢰도를 높인다.
② 하이퍼 파라미터를 조절하여 성능을 최적화한다.
③ 크롤링을 통해 웹 데이터를 수집하여 DB에 적재한다.
④ 데이터 분석 모형에 맞게 파생 변수를 생성한다.

29 다음 중 변수 선택 방법에 대한 설명으로 옳은 것은?

① 두 변수 간의 상관계수를 통해 변수를 선택할 수 있다.
② 0에 가까운 분산을 갖는 변수는 질적으로 큰 의미가 있으므로 유용하다.
③ 임베디드 방식의 변수 선택법은 변수의 통계적 특징을 사용한 변수 선택 방식이다.
④ 릿지(Ridge) 회귀 방식은 가중치 절대값의 합을 최소화하는 제약조건을 추가한 기법이다.

30 다음 중 박스-콕스(BOX-COX) 변환과 관련된 설명으로 옳지 않은 것은?

① 데이터를 변수 변환하여 정규 분포에 가깝게 만들어 분산을 안정시킨다.
② 비대칭의 분포를 대칭에 가깝게 변환하여 정규성을 향상시킨다.
③ 실제 통계 모형을 적용하기 전, 파생변수를 생성하여 통계적 가정을 검증하기 위해 수행한다.
④ λ가 0인 경우 log 변환을 수행하며, 0이 아닌 경우 λ에 대한 함수로 변환을 수행한다.

31 포아송 분포를 따르는 자료 X의 평균이 4이고, Y의 평균이 9인 경우 다음 계산된 결과가 순서대로 알맞은 것은?

가) $E\left(\frac{1}{2}X + \frac{1}{3}Y\right)$	나) $\mathrm{Var}\left(\frac{1}{2}X + \frac{1}{3}Y\right)$

① 3, 4   ② 5, 4   ③ 5, 2   ④ 3, 2

32 다음 중 데이터를 분석 목적에 맞춰 스케일링(Scaling)하는 방법으로 옳지 않은 것은?

① 정규화(Normalization)
② 비닝(Binning)
③ Z-Score 표준화(Standardization)
④ Min-Max Scaling

33 다음 중 통계량의 성질로 나머지 특징과 다른 하나로 알맞은 것은?

① 중위수   ② 최빈값
③ 평균   ④ 범위

34 다음 중 통계적 검정과 관련한 설명으로 옳은 것은?

① 제1종 오류는 귀무가설이 실제로 참이지만 귀무가설을 기각하는 오류를 말한다.
② 귀무가설이 참일 때 기각하는 오류를 허용할 확률을 '유의확률'이라고 한다.
③ 제2종 오류를 범할 확률을 '검정력'이라고 한다.
④ 유의확률이 유의수준보다 작은 값을 가지는 경우 대립가설을 기각한다.

35 아래 표는 우울증 환자에 대한 자료이다. 환자 중 남자 한 명이 임의로 뽑혔을 때, 증상이 없는 우울증 환자일 확률로 옳은 것은?

우울증	증상 있음	증상 없음
남자	400	150
여자	200	250

① 3/5 ② 3/11 ③ 2/5 ④ 2/11

36 다음 중 '다중 공선성' 해결 방법으로 옳지 않은 것은?

① VIF(분산 팽창계수)를 활용하여 상관성이 높은 변수를 제거한다.
② Ridge, Lasso 회귀를 활용하여 규제를 적용한다.
③ 박스-콕스(BOX-COX) 변환하여 변수 Scale을 최적화한다.
④ 상관 관계가 높은 두 변수를 하나로 병합하여 파생변수를 생성한다.

37 빅데이터의 가치 요소 중 아래 설명하는 개념으로 알맞은 품질 요소는?

> 객관성, 정확성 등 데이터 자체의 우수성을 뜻하는 품질 요소

① 접근성
② 표현성
③ 상향적 특성
④ 내재적 특성

38 다음 중 데이터 스케일링에 해당하는 내용이 아닌 것은?

① 수치형 변수 데이터를 그룹으로 범주화 한다.
② 특정 변수를 표준 정규분포화 한다.
③ 분산이 1, 평균이 0인 분포로 데이터를 변환한다.
④ 데이터의 단위 혹은 분포의 편차가 크거나 이상치가 존재할 경우 진행한다.

39 산술평균, 기하평균, 조화평균에 관한 설명으로 옳지 않은 것은?

① 일반적으로 동일 표본에서 기하평균은 조화평균보다 같거나 큰 값을 가진다.
② 기하평균은 상승률, 하락률과 같이 평균변화율을 구할 때 사용하며, $\sqrt{AB}$로 계산한다.
③ F1 Score는 Precision과 Recall의 조화평균으로 산출한다.
④ 조화 평균은 자료의 평균에 대한 역수들의 합이다.

40 다음 중 아래에서 설명하는 결측치 대치법으로 옳은 것은?

> 표본을 대체군으로 분류하고 바로 이전의 값을 결측치로 대치하는 방법이다. 데이터가 반복되는 단점이 있다.

① 평균 대치법　　　　　　　　② 회귀 대치법
③ 단순 확률 대치법　　　　　　④ 최근방 대치법

PART 3 　 빅데이터 모델링

41 분석 모형을 개선하는 방법 중, 모형의 가중치를 순차적으로(Sequential) 조정하여 하나의 강한 학습기를 생성하는 방식으로 옳은 것은?

① 부스팅(Boosting)
② 배깅(Bagging)
③ 랜덤포레스트(Random Forest)
④ 앙상블(Ansemble)

42 로지스틱 회귀분석 모형에 대한 설명으로 옳지 않은 것은?

① logit 변환 과정을 통해 분류 모형도 선형 분석이 가능하게 한다.
② 선형 회귀 모형과 로지스틱 회귀의 종속변수는 정규분포를 따른다.
③ 시그모이드 함수를 미분하는 경우 미분 값이 가질 수 있는 최대값은 1이다.
④ 로지스틱 회귀모형은 뉴턴-랩슨(Newton-Raphson Method)를 이용한 최대우도추정에 따라 회귀 계수를 추정한다.

43 의사결정나무 모형이 이산형 결과값을 가지는 경우, 분리 규칙으로 사용할 수 없는 통계량은?

① 지니 계수
② 엔트로피 계수
③ 카이제곱 통계량
④ F 통계량

44 다음 중 활성화 함수에 대한 설명으로 옳지 않은 것은?

① 소프트 맥스(Soft Max) 함수의 출력층은 여러 개의 노드로 분류될 수 있다.
② 시그모이드(Sigmoid) 함수의 경우 각 레이어를 지날 때마다 분산이 줄어들어 성능이 우수하다.
③ 활성화 함수는 각 은닉층 단계의 확률 뜻한다.
④ 소프트 맥스(Soft Max) 출력 확률 값의 총 합은 1이다.

45 다음 중 활성화 함수에 대한 설명으로 옳지 않은 것은?

① ReLu 함수는 시그모이드 함수와 마찬가지로 기울기 소실 문제가 있다.
② x값이 0일 때 시그모이드 함수를 미분하는 경우 기울기는 1/4이 된다.
③ 하이퍼볼릭 탄젠트(Hyperbolic Tangent) 함수의 출력 값 범위는 −1 ~ 1 사이이다.
④ 기울기 소실 문제란 역전파 과정에서 기울기가 극도로 감소하여 가중치 업데이트가 제한되는 현상을 말한다.

46 다음 중 평균에 대한 설명으로 옳은 것은?

① 왜도는 표본 관측치가 평균으로부터 얼마나 떨어져 있는지 계산한다.
② 평균은 이상치에 민감하지 않다.
③ 표본 관측치의 평균은 모평균의 편의추정량(Biased Estimator)이다.
④ 평균은 표본 데이터와 관측치의 단위가 같다.

47 다음 중 중심 극한 정리에 대한 설명으로 옳은 것은?

① 모집단이 이항분포인 경우 적용할 수 없다.
② N의 크기와 상관없이 표본 평균의 분포가 정규분포에 근사하다
③ 왜도가 치우쳐진 분포여도 표본 크기가 큰 경우 중심 극한 정리 적용이 가능하다.
④ 여러 모집단에서 뽑은 표본의 평균도 N의 크기가 충분히 큰 경우 정규분포를 따른다.

48 다음 중 아래 설명과 알맞게 짝지어진 딥러닝 기법으로 옳은 것은?

> 가) 댓글 문장을 활용하여, 자연어 처리로 리뷰를 분석한다.
> 나) 건물에 출입하는 사람의 얼굴을 인식하여 자동 출입 관리 시스템 구축
> 다) 이미지를 자동으로 인식하여 자연어 처리된 문장으로 설명한다.
> 라) 로봇 팔의 최적의 운동 궤도를 학습하여 공정을 최적화한다.

① 가-CNN, 나-RNN, 다-강화학습, 라-RNN+CNN
② 가-RNN, 나-CNN, 다-RNN+CNN, 라-강화학습
③ 가-RNN, 나-RNN+CNN, 다-CNN, 라-강화학습
④ 가-RNN+CNN, 나-CNN, 다-강화학습, 라-RNN

49 다음 중 서포트 벡터 머신(SVM) 모형에 대한 설명으로 옳지 않은 것은?

① SVM 모형의 하이퍼 파라미터는 c, gamma로 2개이다.
② 커널 기법으로 RBF 커널이 가장 많이 사용된다.
③ 하드 마진(Hard Margin)을 적용하는 경우 비교적 더 많은 오류를 허용하여 모형을 일반화할 수 있다.
④ RBF 커널 함수는 가우시안 분포를 따르는 정규분포 형태이다.

50 다음 중 카이제곱 통계량의 수식으로 알맞은 것은?

① $X_c^2 = \sum \frac{(O_i - E_i)^2}{E_i^2}$

② $X_c^2 = \sum \frac{(O_i - E_i)}{E_i}$

③ $X_c^2 = \sum \frac{(O_i - E_i)}{E_i^2}$

④ $X_c^2 = \sum \frac{(O_i - E_i)^2}{E_i}$

51 다음 집단 추출 방식 중 아래 설명에서 뜻하는 추출 방법으로 알맞은 것은?

> 모집단으로부터 표본 추출 시 집단 내 이질, 집단 간 동질적인 성질을 갖도록 추출한다.

① 층화 추출　　② 집락 추출
③ 임의 추출　　④ 계통 추출

52 비모수 검정 방법 중 아래 설명과 같은 상황에서 수행하는 검정 방법으로 알맞은 것은?

> 모집단이 특정 분포를 따르지 않는 상황에서, 실험중인 약물 투여 전과 후를 비교하여 약물의 효과를 비교하는 실험

① 윌콕슨(Wilcoxon) 순위합 검정
② 윌콕슨(Wilcoxon) 부호 순위 검정
③ 크루스칼-왈리스(Kruskal-Wallis) 검정
④ ANOVA 분석

53 다음 중 시계열 분해법의 분석 요인으로 옳지 않은 것은?

① 추세 요인
② 계절 요인
③ 규칙 요인
④ 순환 요인

54 심층신뢰망(Deep belief network) 관련 내용 출제

55 다음 중 초매개변수와 일반 매개변수에 대한 설명으로 옳지 않은 것은?

① 경사 하강법으로 임의의 최적해를 찾은 경우 전역 최적해(Global Minimum)라고 보장할 수 없다.
② 학습률(Learning Rate)은 대표적인 초매개변수이다.
③ 일반 매개변수는 보통 작업자에 의해 수작업으로 측정되지 않는다.
④ 초매개변수는 학습 과정에서 자동으로 계산되는 값이다.

56 다음 중 인공신경망 과적합을 방지하는 방법이 아닌 것은?

① 신경망 내 은닉 노드 수를 줄인다.
② 학습률을 감소시킨다.
③ 노드 간의 가중치를 낮춘다.
④ 입력층 개수를 줄인다.

57 다음 중 ARIMA에 대한 설명으로 옳지 않은 것은?

① 자기 상관함수는 시계열 관측치 간의 상관관계 함수이다.
② 자기회귀(AR) 모형과 이동평균(MA) 모형은 과거 관측 값의 오차항이 미래 관측값에 영향을 준다.
③ 과거 P 시점 전의 유한 개 백색잡음 선형결합으로 현재의 데이터가 설명된다면 자기회귀(AR) 모형이다.
④ ARIMA 모형은 p, d, q 세 가지 차수로 구성되며, d가 0인 경우 ARMA 모형이 된다.

58 인공 신경망 모형의 입력값과 가중치가 아래와 같이 주어질 때, 계산된 출력값으로 옳은 것은? (단 활성화 함수, 전이 함수는 항등 함수로 가정한다.)

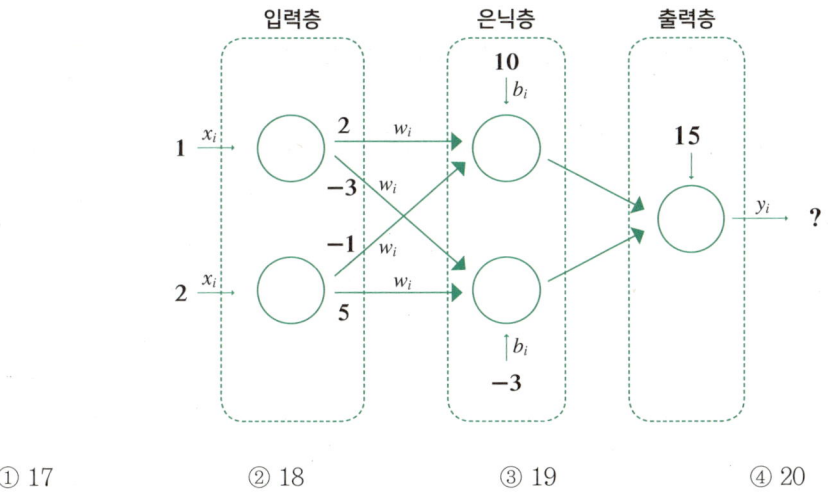

① 17   ② 18   ③ 19   ④ 20

59 시계열의 시차 값 사이의 선형관계를 예측하는 개념으로 옳은 것은?

① 이동평균   ② 차분
③ 백색잡음   ④ 자기상관

60 나이브 베이즈 분류기에 대한 설명으로 옳지 않은 것은?

① 베이지안 추론을 기반으로 만들어진 분류 모형이다.
② 이진 분류에만 활용 가능하다.
③ 간단한 구조임에도 복잡한 상황에서 좋은 성능을 보인다.
④ 트레이닝 데이터의 양이 적어도 파라미터를 충분히 수정 가능하다.

PART 4 빅데이터 결과 해석

61 아래 보기에서 설명하는 분류 모형 평가지표로 옳은 것은?

> 실제 Negative인 대상 중 예측값과 일치하는 비율

① 특이도(Specificity) ② 민감도(Sensitivity)
③ F1 Score ④ 정밀도(Precision)

62 시각화 기법이 아닌 것은?

① 체르노프 페이스(Chernoff Faces)
② 원-핫 인코딩(One Hot Encoding)
③ 평행좌표 그래프
④ 도트 맵(Dot Map)

63 다음 시각화 유형 중 '관계 시각화' 유형으로 알맞은 것은?

① 파이 차트(Pie Chart)
② 버블 차트(Bubble Chart)
③ 트리 맵(Tree-Map)
④ 히트 맵(Heat Map)

64 다음 중 회귀분석 설명력을 검증하기 위한 적합도 검정과 관련이 없는 것은?

① 회귀 계수 ② P-value
③ F 통계량 ④ 잔차 히스토그램

65 아래와 같은 거래 데이터 셋이 주어졌을 때, 연관규칙 '오렌지, 사과, 자몽'의 지지도와 신뢰도는 각각 얼마인가?

> (오렌지, 사과, 자몽),
> (수박, 레몬),
> (오렌지, 사과, 레몬, 자몽),
> (딸기, 수박, 사과, 레몬),
> (딸기, 수박, 레몬, 자몽),
> (오렌지, 사과)

① 지지도 2/3, 신뢰도 1/3
② 지지도 1/3, 신뢰도 2/3
③ 지지도 2/3, 신뢰도 2/3
④ 지지도 1/3, 신뢰도 1/3

66 아래와 같은 시각화 기법을 의미하는 것으로 옳은 것은?

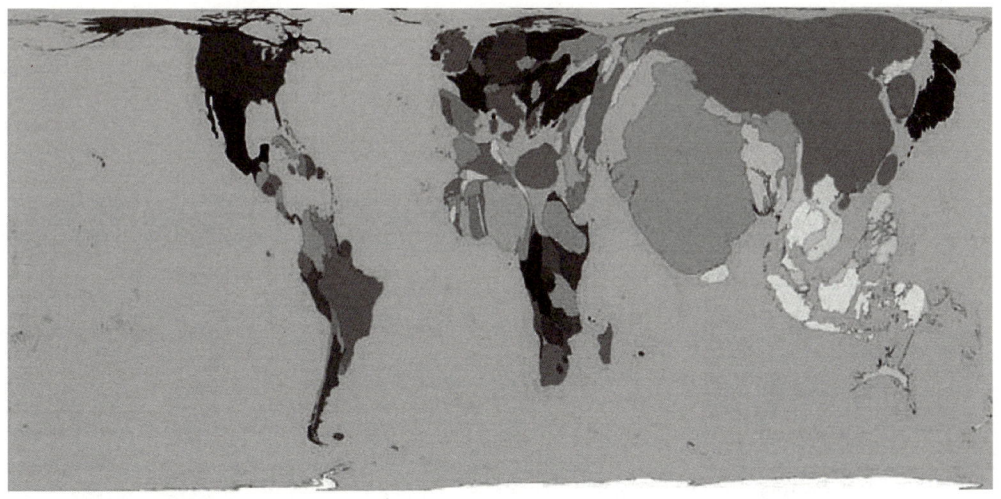

① 버블 플롯 맵
② 코로플레스 맵
③ 체르노스 그래프
④ 카토그램

67 사회 연결망 분석에서 사용되는 중심성 지표 중 옳지 않은 것은?

① 아이겐벡터 중심성　　② 관계 중심성
③ 매개 중심성　　　　　④ 연결 중심성

68 학습 모형 평가 시 데이터 분할에 관한 설명으로 옳지 않은 것은?

① Cross-Validation(CV) 기법은 속도가 다소 오래 걸리지만 평가 성능이 좋은 장점이 있다.
② 데이터 모델링 및 학습 시, 검증(Validation) 데이터 셋과 평가(Test) 데이터 셋은 같아도 상관없다.
③ 학습(Training) 데이터 셋과 평가(Test) 데이터 셋은 일부 섞어도 무방하다.
④ 학습(Training) 데이터 셋은 모형을 훈련하여 적합 시키기 위해 사용하는 데이터 셋이다.

69 아래 주성분 분석 결과를 보고 해석한 내용으로 옳은 것은?

Component	Eigenvalue	Variance Rate	Cumulative Variance
Comp.1	2.4802	62.01%	62.10%
Comp.2	0.9898	24.74%	86.75%
Comp.3	0.3566	8.91%	95.66%
Comp.4	0.1734	4.33%	100%

Dara	Comp.1	Comp.2	Comp.3	Comp.4
Alabama	-0.9856	1.1334	-0.4442	0.1563
Alaska	-1.9501	1.0732	2.04	-0.4386
Arizona	-1.7632	-0.746	0.0547	-0.834
Arkansas	0.1414	1.1198	0.1146	-0.1828
California	-2.524	-1.5429	0.5986	-0.342
Colorade	-1.5146	-0.9876	1.095	0.0014

① 원 데이터의 Columns, 즉 독립 변수의 개수는 6개이다.
② 4개의 주성분 중 가장 설명력이 높은 주성분은 Comp.4이다.
③ 상위 세 개의 주성분을 선택하는 경우 주성분 모형은 분산의 95.66%를 설명할 수 있다.
④ 주성분 분석은 분석 성능을 높이지만, 차원을 증가시키는 단점이 있다.

70 아래 어느 모형의 혼돈-행렬(Confusion Matrix)이 있다. 민감도와 정밀도를 계산한 것으로 알맞게 짝지어진 것은?

분류결과		실제 정답	
		TRUE	FALSE
	TRUE	4	2
	FALSE	1	3

① 민감도 3/5, 정밀도 1/5
② 민감도 4/5, 정밀도 2/3
③ 민감도 2/3, 정밀도 4/5
④ 민감도 1/3, 정밀도 4/5

71 다음 중 이진분류기 모형에서 사용하는 평가 측정 지표가 아닌 것은?

① 정밀도
② 오분류율
③ MAE
④ 민감도

72 다음 모형 평가 지표 중 'MAPE'를 표현한 수식으로 옳은 것은?

① $\frac{100}{n}\sum\left|\frac{y_i-\hat{y}_i}{y_i}\right|$
② $\frac{1}{n}\sum\left(\frac{y_i-\hat{y}_i}{y_i}\right)^2$
③ $\frac{1}{n}\sum(y_i-\hat{y}_i)$
④ $\frac{1}{n}\sqrt{\sum\frac{y_i-\hat{y}_i}{y_i}}$

73 학습용 데이터 셋과 검증용 데이터 셋, 평가용 데이터 셋으로 데이터를 분할하여 검증하는 방법으로 알맞은 것은?

① K - Fold 검증
② 배깅(Bagging)
③ 스플리팅 (Splitting)
④ 홀드 아웃 (Hold-Out)

74. 아래 선형 회귀분석의 분산분석표 결과에 대한 설명으로 옳지 않은 것은?

ANOVA	df	SS	MS	F	P
Regression	1	10354	10354	15.46	0.001
Ressidual	18	12054	670		
Total	19	22408			

	Coeffcients	Standard	t-stat	P-value
Intercept	12.726	8.115	1.57	0.134
x1	0.0001139	3.93	0.001	

① 위 모형의 설명 변수는 한 개이다.
② p-값을 확인하여 해당 모형의 등분산성을 알 수 있다.
③ 5% 유의 수준 하에 회귀 적합성 검정 결과 회귀분석은 모형 설명에 적합하다고 볼 수 있다.
④ 위 표를 토대로 분석한 결과, 설명변수 x1 변수가 증가하면 y값 또한 증가한다.

75. 아래 그래프에 대한 설명으로 옳지 않은 것은?

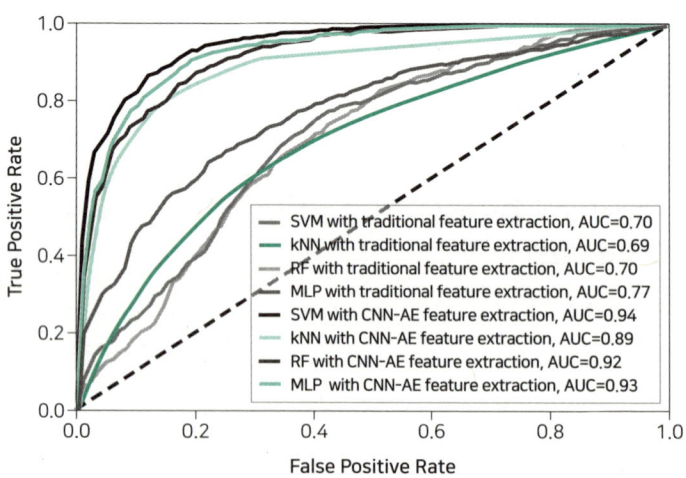

① 위 그래프 ROC Curve의 하단 면적을 AUC라고 칭한다.
② 그래프의 X축은 FP Rate, Y축은 TP Rate이다.
③ 그래프 하단의 면적이 넓을수록 좋은 모형으로 평가된다.
④ ROC 그래프는 좌상단에서 멀리 떨어질수록, 그래프 중앙의 기준선에 가까울수록 좋다.

76 다음 중 아래 내용에서 설명하는 개념으로 옳은 것은?

> 적합도 검정 방법의 일종으로 자료가 특정한 분포를 따르는 지 누적 분포 함수 차이를 이용하여 검정하는 기법

① Q-Q Plot 검정
② 카이제곱 검정
③ Kolmogorov-Smirnov 검정
④ Shapiro-Wilks 검정

77 다음 중 경사 하강법(SGD)을 사용한 모델링 기법이 아닌 것은?

① Momentum
② Rmsprop
③ Nesterov Momentum
④ AdaBoost

78 다음 중 '실제로 False인 대상 중 예측도 False인 비율'을 뜻하는 개념으로 옳은 것은?

① 민감도(Sensitivity)
② 정밀도(Precision)
③ 특이도(Specificity)
④ 정확도(Accuracy)

79 다음 중 빅데이터 결과 해석에 대한 설명으로 옳지 않은 것은?

① 분류 모형은 주로 혼동 행렬(Confusion Matrix)을 통해 성능을 평가한다.
② 과대적합은 분석 모형이 평가 데이터를 지나치게 학습하여 훈련 시 결과가 좋지 않은 것을 의미한다.
③ 프로젝트 성과지표가 수립되면 데이터 시각화를 통해 수시로 관리할 수 있도록 한다.
④ 분석 모형은 주기적으로 모니터링하여 리모델링과 최적화 관리가 필요하다.

80 다음 중 아래 시각화 기법이 해당하는 시각화 유형으로 옳은 것은?

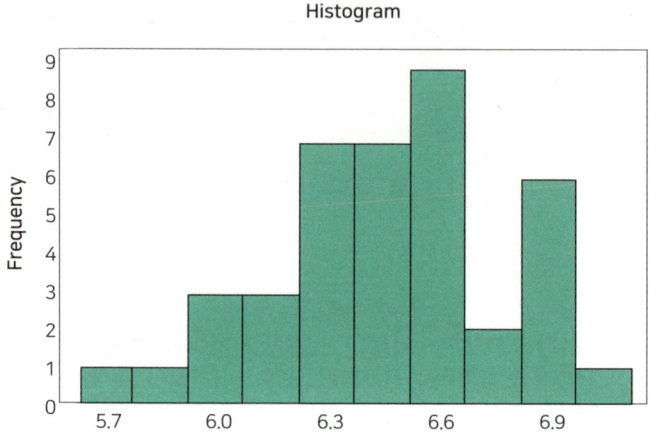

① 시간시각화
② 공간시각화
③ 비교시각화
④ 관계시각화

APPENDIX 4회 필기 복원 기출문제(2022년)

[제한 시간 : 120분]

PART 1 빅데이터 분석 기획

01 다음 중 HDFS에 대한 설명으로 옳은 것은?

① Replication의 횟수는 내부에서 결정되며 사용자가 바꾸지 못한다.
② ETL, NTFA가 상위 파일 시스템이다.
③ GFS와 동일한 소스코드를 사용한다.
④ 네임노드는 삭제 데이터가 저장된 데이터 노드를 관리한다.

02 다음 중 인공 지능 학습에 대한 설명으로 옳지 않은 것은?

① 지도학습이란 데이터의 정답지가 주어진 상태로 학습하는 것을 말한다.
② 강화학습이란 특정 조건에서 최적의 행동을 선택하도록 하는 학습 방법이다.
③ 강인공지능이란 다양한 분야의 어떤 문제를 실제로 사고하고 학습하여 해결할 수 있는 컴퓨터 기반의 인공지능이다.
④ 훌륭한 알고리즘을 보유하였다면 학습을 생략해도 된다.

03 다음 중 분산파일 시스템에 대한 설명으로 옳은 것은?

① 하나의 컴퓨팅 자원을 다수의 시스템에 연결하여 병목 현상의 문제가 있다.
② 비관계형 DB와 같은 의미를 지니며 대표적으로 NoSQL이 있다.
③ 여러 컴퓨터를 하나의 서버 환경처럼 저장하는 것을 말한다.
④ 대규모의 데이터가 아닌 양질의 소규모 데이터를 관리하기 위해 고안되었다.

04 다음 중 '분석 로드맵 설정' 시 우선순위로 고려해야 할 항목이 아닌 것은?

① 비즈니스 성과 및 ROI
② 시급성
③ 분석데이터 적용
④ 전략적 중요도

05 다음 중 DIKW 피라미드 요소 중 지혜(Wisdom)에 해당하는 예시로 옳은 것은?

① A 마트의 상품은 B 마트보다 저렴할 것이다.
② A마트의 과일이 더 저렴하다.
③ A 마트의 과일은 100원, B마트의 과일은 200원이다.
④ 과일을 구매하려면 A마트가 더 좋다.

06 다음 중 빅데이터 분석 기획 절차로 옳은 것은?

> ⓐ : 비즈니스 이해 및 범위 설정
> ⓑ : 프로젝트 위험 계획 수립
> ⓒ : 프로젝트 정의
> ⓓ : 프로젝트 수행 계획 수립

① ⓒ → ⓐ → ⓑ → ⓓ
② ⓒ → ⓐ → ⓓ → ⓑ
③ ⓐ → ⓒ → ⓓ → ⓑ
④ ⓐ → ⓒ → ⓑ → ⓓ

07 다음 중 개인정보 비식별화에 대한 설명으로 옳지 않은 것은?

① 비식별화는 개인을 알아볼 수 없도록 하는 조치를 말한다.
② 비식별 정보는 제3자 제공이 가능하며, 원칙적으로 불특정 다수에 대한 공개가 가능하다.
③ 비식별 정보는 비식별 조치 후에도 모니터링과 기술적 보호조치를 수행해야한다.
④ 비식별 정보는 사전에 개인정보 해당 여부에 대하여 검토하고, 개인정보가 아닌 것은 활용 가능하도록 한다.

08 다음 중 개인정보 비식별화 기술에 대한 설명 중 옳지 않은 것은?

① 총계처리 : 데이터의 총합 값으로 처리하여 개별 데이터의 값을 보이지 않도록 하는 기술
② 데이터 마스킹 : 개인 식별에 중요한 데이터 값을 삭제하는 것
③ 가명처리 : 개인 식별에 중요한 데이터를 식별할 수 없는 다른 값으로 변경
④ 범주화 : 데이터의 값을 범주의 값으로 변환하여 값을 변경하는 기술

09 다음 중 가트너가 정의한 빅데이터 처리 플랫폼 특징 중 3V에 정의된 것으로 옳지 않은 것은?

① 가치(value)
② 규모(volume)
③ 속도(velocity)
④ 다양성(variation)

10 다음 중 1제타바이트에 1byte의 아스키 코드를 넣으면 가능한 수용 크기로 옳은 것은?

① 210 byte
② 230 byte
③ 250 byte
④ 270 byte

11 다음 중 아래 설명하는 개념으로 옳은 것은?

> 대표적인 빅데이터 분산처리 엔진으로, 하둡의 단점을 보완하기 위해 인메모리(In-Memory) 기반의 데이터 처리 오픈소스 플랫폼

① 맵 리듀스(Map Reduce)
② 스파크(Spark)
③ 하이브(Hive)
④ 피그(Pig)

12 다음 중 데이터 모델링 과정에서 수행하는 업무가 아닌 것은?

① 데이터 셋 분할
② 데이터 모형 모델링
③ 프로젝트 성과 분석 및 평가 보고
④ 모델 적용 및 운영 방안 수립

13 다음 중 정형 데이터와 비정형 데이터에 대한 설명으로 옳은 것은?

① 동영상, 오디오 데이터는 정형 데이터에 속한다.
② 정형과 반정형 성질을 둘 다 갖고 있는 것을 비정형 데이터라고 한다.
③ 형태소는 정형데이터를 분석하기 위한 단위이다.
④ XML은 반정형 데이터이다.

14 다음 중 고품질 데이터의 특성이 아닌 것은?

① 정확성(Accuracy) ② 적시성(Timeliness)
③ 불편의성(Un-completeness) ④ 일관성(Consistency)

15 다음 중 아래 설명하는 개념으로 옳은 것은?

> 시스템의 전방에 위치하여 클라이언트로부터 다양한 서비스를 처리하고, 백-엔드 서비스 간의 통신을 전달하는 미들웨어

① API 게이트웨이 ② 데이터베이스
③ PaaS ④ ESB

16 다음 중 데이터 3법에 포함되는 법으로 옳지 않은 것은?

① 개인정보보호법
② 정보통신산업 진흥법
③ 정보통신망 이용촉진 및 정보보호 등에 관한 법률
④ 신용정보의 이용 및 보호에 관한 법률

17 다음 중 공공데이터 포털에서 제공하는 파일의 형식으로 옳지 않은 것은?

① XML ② SQL
③ JSON ④ CSV

18 다음 중 빅데이터 저장소와 관련한 개념으로 옳지 않은 것은?

① Data Lake ② Data Warehouse
③ Data Mining ④ Data Dam

19 다음 중 아래 설명하는 개념으로 옳은 것은?

> 데이터에 노이즈를 추가하여 개인정보보호와 데이터분석을 모두 진행할 수 있는 기법

① K-익명성
② 개인정보 차등 보호
③ 가명화
④ L-다양성

20 다음 중 빅데이터 저장 기술로 옳은 것은?

① 맵 리듀스
② 직렬화
③ 가시화
④ NoSQL

PART 2 빅데이터 탐색

21 다음 중 기초 통계량의 대표값과 관련한 설명으로 옳지 않은 것은?

① 평균은 중앙값보다 이상값에 영향을 더 적게 받는다.
② Q3−Q1를 사분위수 범위라고 한다.
③ 변동률 등은 기하 평균으로 구한다.
④ 변동계수는 자료의 단위와 관련이 있다.

22 다음 표를 참고하여 수행한 귀무 가설 검정으로 옳은 것은?

Z	0.00	0.01	0.02	0.03	0.04	0.05	0.06	0.07	0.08	0.09
2.0	0.9772	0.9778	0.9783	0.9788	0.9793	0.9798	0.9803	0.9808	0.9812	0.9817
2.1	0.9821	0.9826	0.9830	0.9834	0.9838	0.9842	0.9846	0.9850	0.9854	0.9857
2.2	0.9861	0.9864	0.9868	0.9871	0.9875	0.9878	0.9881	0.9884	0.9887	0.9890
2.3	0.9893	0.9896	0.9898	0.9901	0.9904	0.9906	0.9909	0.9911	0.9913	0.9916
2.4	0.9918	0.9920	0.9922	0.9925	0.9927	0.9929	0.9931	0.9932	0.9934	0.9936
2.5	0.9938	0.9940	0.9941	0.9943	0.9945	0.9946	0.9948	0.9949	0.9951	0.9952
2.6	0.9953	0.9955	0.9956	0.9957	0.9959	0.9960	0.9961	0.9962	0.9963	0.9964
2.7	0.9965	0.9966	0.9967	0.9968	0.9969	0.9970	0.9971	0.9972	0.9973	0.9974
2.8	0.9974	0.9975	0.9976	0.9977	0.9977	0.9978	0.9979	0.9979	0.9980	0.9981
2.9	0.9981	0.9982	0.9982	0.9983	0.9984	0.9984	0.9985	0.9985	0.9986	0.9986
3.0	0.9987	0.9987	0.9987	0.9988	0.9988	0.9989	0.9989	0.9989	0.9990	0.9990
3.1	0.9990	0.9991	0.9991	0.9991	0.9992	0.9992	0.9992	0.9992	0.9993	0.9993
3.2	0.9993	0.9993	0.9994	0.9994	0.9994	0.9994	0.9994	0.9995	0.9995	0.9995
3.3	0.9995	0.9995	0.9995	0.9996	0.9996	0.9996	0.9996	0.9996	0.9996	0.9997
3.4	0.9997	0.9997	0.9997	0.9997	0.9997	0.9997	0.9997	0.9997	0.9997	0.9998
3.5	0.9998	0.9998	0.9998	0.9998	0.9998	0.9998	0.9998	0.9998	0.9998	0.9998
3.6	0.9998	0.9998	0.9999	0.9999	0.9999	0.9999	0.9999	0.9999	0.9999	0.9999
3.7	0.9999	0.9999	0.9999	0.9999	0.9999	0.9999	0.9999	0.9999	0.9999	0.9999
3.8	0.9999	0.9999	0.9999	0.9999	0.9999	0.9999	0.9999	0.9999	0.9999	0.9999

확률변수 X에 대한 9개 표본 평균의 분포가 정규분포 $\bar{X} \sim N(40, 5^2)$을 따를 때, 99% 신뢰구간 하에 아래의 검정 조건이 주어진다.

> $H_0 : \mu < 35$ (모평균은 35보다 작다.)
> $H_1 : \mu \geq 35$ (모평균은 35보다 크거나 같다.)

① 표준정규확률변수 $z = 2$, 귀무가설 채택
② 표준정규확률변수 $z = 2$, 귀무가설 기각
③ 표준정규확률변수 $z = 3$, 귀무가설 채택
④ 표준정규확률변수 $z = 3$, 귀무가설 기각

23 다음 중 시공간 데이터로 옳지 않은 것은?

① GIS 데이터
② 코로플로스 맵
③ 패널 데이터
④ 격자 데이터

24 다음 중 이상값을 찾는 방법에 대한 설명으로 옳지 않은 것은?

① 박스 플롯(Box Plot)과 산점도 등에서 멀리 떨어진 값을 찾는다.
② 표준정규분포에서 표준편차가 3이상인 값을 찾는다.
③ 도메인 지식에서 이론적이나 물리적으로 맞지 않는 값을 찾는다.
④ 가설 검정의 노이즈 값을 찾는다.

25 다음 중 주성분 분석에 대한 설명으로 옳지 않은 것은?

① 기존 변수들을 선형 결합하여 새로운 변수를 만든다.
② 주성분들이 설명하는 분산이 최대한 커지도록 한다.
③ 데이터가 이산형, 연속형인 경우에 사용한다.
④ 주성분 분석의 결과와 해석을 직관적으로 이해할 수 있다.

26 다음 중 상관 관계에 대한 설명으로 옳지 않은 것은?

① 상관계수 값의 범위는 -1부터 1 사이에 있다.
② 상관계수의 절대값이 0에 가까울수록 두 변수 간의 상관성이 적다.
③ 상관계수는 결정계수 값의 제곱을 의미한다.
④ 두 변수의 관계를 산점도(Scatter Plot)로 알 수 있다.

27 다음 중 아래 설명하는 내용으로 옳은 것은?

> 정규분포를 따르고 평균이 150, 분산이 16인 자료 X_i에 대하여, 모든 자료에 $(X_i - 150)/4$의 스케일링을 적용하면 자료의 분포는 어떤 분포를 따르는가?

① $N(150, 16)$
② $N(0, 1)$
③ $N(0, 1/10)$
④ $N(0, 1/100)$

28 다음 중 박스 플롯(Box Plot)에서 3Q보다 항상 작은 값을 갖는 것으로 옳은 것은?

① IQP 사분위수 범위
② 중앙값
③ 80퍼센트
④ 최대값

29 다음 중 아래 좌표에 대하여, A지점으로부터 C 지점까지의 맨해튼 거리(Manhattan Distance)를 계산한 것으로 옳은 것은?

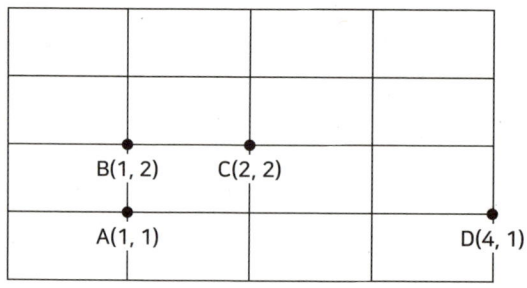

① 1
② 2
③ 3
④ 4

30 아래 그림은 특정 사건 다섯 개를 베이지안 네트워크로 표현한 것이다. 각 다섯 사건은 연결된 노드 외에는 서로 독립이며, 화살표 방향으로 사건의 발생에 영향을 준다. 다음 중 아래 그래프로부터 도출된 베이지안 조건식으로 옳지 않은 것은?

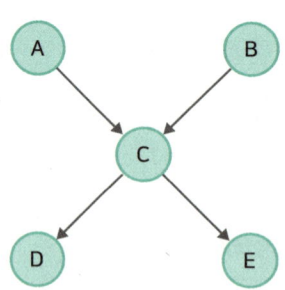

① P(A,B|C) = P(A) * P(B|C)
② P(A,B,C|E) = P(A|C) * P(B|C) * P(C|E)
③ P(A,B,C) = P(A) * P(B) * P(C|A,B)
④ P(A,E|C) = P(A|C) * P(E|C)

31 다음 중 아래 조건이 주어졌을 때 기초 통계량을 구한 것으로 옳은 것은?

> 평균이 $\bar{X}$이고 표준편차가 σ인 확률변수 X_i에 대하여 $X_1 + X_2$의 표준편차는 얼마인가? (단 X_i는 상호 독립이다.)

① $\sqrt{2}\sigma$ ② σ
③ $\sigma/\sqrt{2}$ ④ $\sigma 2$

32 다음 중 비정형 텍스트 데이터 전처리 기법으로 옳지 않은 것은?
① Tokenizing ② Crawling
③ pos tagging ④ stemming

33 다음 중 자료의 분포가 아래 그림과 같이 오른쪽 긴 꼬리일 경우, 통계량의 관계에 대한 설명으로 옳은 것은?

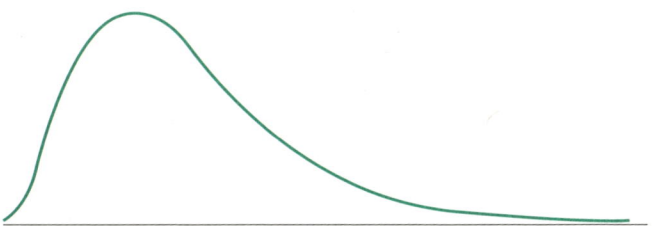

① 왜도 > 0, 최빈값 < 중위수 < 평균
② 왜도 > 0, 평균 < 중앙값 < 최빈값
③ 왜도 < 0, 중앙값 < 최빈값 < 평균
④ 왜도 < 0, 최빈값 < 중앙값 < 평균

34 아래 결과는 병아리에게 각 다른 종류의 처방을 내린 후 성장 차이를 분석한 일원 분산분석표 결과이다. 다음 중 분석 결과에 대한 해석으로 옳지 않은 것은?

```
Analysis of Variance Table
Response: weight
          Df  Sum Sq  Mean Sq  F value   Pr(>F)
feed       5  231129   46226    15.365  5.936e-10 ***
Residuals 65  195556    3009
---
Signif. codes:  0 '***' 0.001 '**' 0.01 '*' 0.05 '.' 0.1 ' ' 1
```

① 총 병아리의 수는 71마리이다.
② 효과를 비교하기 처방의 개수는 총 6개이다.
③ 각 처방 간의 효과 차이가 있다는 주장은 통계적으로 유의하다.
④ 귀무가설은 "모든 처방 간의 효과는 차이가 있다."가 된다.

35 다음 중 아래 설명하는 개념으로 옳은 것은?

> 항목 집합의 지지도를 산출하여, 발생빈도와 최소지지도를 기반으로 거래 연관성을 밝히는 알고리즘

① Apriori
② 인공신경망
③ 의사결정나무
④ 어간추출

36 다음 중 빅데이터 탐색에 대한 설명으로 옳지 않은 것은?

① 빅데이터의 전체 분포를 대략적으로 검토하는 과정이다.
② 데이터 분석 과정에서 최종 분석 결과를 도출한다.
③ 데이터 탐색 시 잠재적 문제를 발견하는 과정이다.
④ 데이터 탐색 시 데이터를 기반으로 패턴을 찾는 과정이다.

37 다음 중 표준화와 자료 분포에 관한 설명으로 옳은 것은?

① 표준화는 각 요소에서 평균을 뺀 값에 분산을 나눈다.
② 표준화된 자료의 최대값은 1이다.
③ 표준화된 자료의 표준편차는 0이다.
④ 정규분포인 자료를 표준화하면 표준정규분포를 따른다.

38 다음 중 단위가 다른 두 데이터를 비교할 때, 단위에 영향을 받지 않는 변동성 척도 개념으로 옳은 것은?

① 범위(Range)
② 사분위범위(IQR)
③ 변동계수(CV)
④ 표준편차(Standard Deviation)

39 다음 중 초기하 분포에 대한 설명으로 옳지 않은 것은?

① 만약 복원추출을 하는 경우 이항분포를 사용해야한다.
② 비복원 추출로 인해 각 시행의 성공 확률은 일정하지 않다.
③ 각 시행의 성공 확률은 상호 독립적이다.
④ 자료는 이산형 확률분포를 따른다.

40 다음과 같은 열이 4개인 박스플롯에 대한 설명으로 옳지 않은 것은?

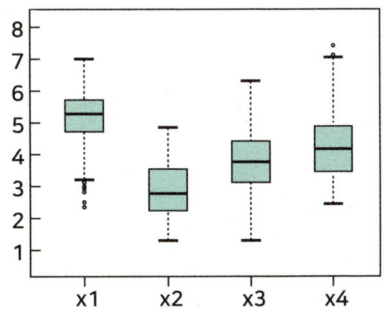

① x2의 분산은 x3보다 작다.
② x3의 평균은 4에 가깝다.
③ x1의 1사분위수는 5에 가깝다.
④ x4의 이상값이 존재한다.

PART 3　빅데이터 모델링

41 다음 중 텍스트 마이닝에서 문장을 2개 이상의 단어로 분리하는 방법으로 옳은 것은?

① 토픽모델링　　　　　　　② N-gram
③ TF-IDF　　　　　　　　④ Dendrogram

42 다음 중 선형회귀 모형의 가정에 대한 특성으로 옳지 않은 것은?

① 독립성　　　　　　　　② 정규성
③ 등분산성　　　　　　　④ 수렴성

43 다음 중 아래 설명하는 내용의 빈칸에 들어갈 개념으로 옳은 것은?

> 비지도 학습이란 타겟 변수의 라벨링이 (A) 모형을 의미하며, 대표적인 모형 예시로는 (B)이(가) 있다.

① (A) : 안 된, (B) : 로지스틱 모형
② (A) : 된, (B) : 로지스틱 모형
③ (A) : 안 된, (B) : 군집 모형
④ (A) : 된, (B) : 군집 모형

44 다음 중 인공신경망의 특징으로 옳지 않은 것은?

① 다른 분석 모형에 비해 해석이 쉽다.
② 복잡한 비선형 문제에 적용 가능하다.
③ Tanh, ReLU 등의 활성화 함수로 기울기 소실문제를 해결하였다.
④ CNN, RNN 등 딥러닝 모형의 기초 토대가 되었다.

45 다음 중 활성화 함수의 계단 함수가 수행하지 못하는 논리 문제로 옳은 것은?

① AND
② OR
③ NOR
④ XOR

46 다음 중 오토 인코더(Auto Encoder) 모형에 대한 설명으로 옳지 않은 것은?

① 신경망을 활용한 비지도 학습 기법이다.
② 입력 특성간 상관관계를 학습하여 출력을 재구성(Reconstruction) 한다.
③ 입력층의 뉴런 수는 은닉층의 뉴런 수보다 항상 작다.
④ 인코드(Encode) 입력수와 디코드(Decode) 출력수는 동일하다.

47 아래 표는 날씨에 대한 사건을 나열한 표이다. 다음 중 조건부 확률인 P(비|건조함)의 확률 값으로 옳은 것은?

	비 옴	비 안옴
건조함	2	8
습함	5	5

① 0.1
② 0.2
③ 0.3
④ 0.4

48 다음 중 의사결정나무에 대한 설명으로 옳지 않은 것은?

① 자식 노드의 가지 수가 하나만 남을 때까지 계속하여 학습을 진행한다.
② 지니 지수, 엔트로피 지수 등을 통해 분리규칙을 설정한다.
③ 두 범주간의 차이가 없다고 판단되면 분리를 멈춘다.
④ 과적합을 방지하기 위해 가지치기(Pruning) 작업을 수행한다.

49 다음 중 범주형 타겟 변수에 대한 분류 모형으로 옳지 않은 것은?

① 인공신경망
② 선형회귀분석
③ 서포터벡터
④ 의사결정나무

50 다음 중 아래 설명하는 시계열의 특성 개념으로 옳은 것은?

> 중장기적인 특성을 가지며, 빈번한 발생빈도 없이 특정 주기로 반복적인 패턴을 보이는 특성

① 추세 ② 순환
③ 계절 ④ 불규칙

51 다음 중 선형회귀 모형에서 잔차의 특성으로 옳지 않은 것은?

① 잔차의 선형성 ② 잔차의 독립성
③ 잔차의 등분산성 ④ 잔차의 정규성

52 다음 중 재현율(Recall)에 대한 공식으로 옳은 것은?

① FP/(TP+FP) ② FP/(TP+FN)
③ TP/(TP+FP) ④ TP/(TP+FN)

53 다음 중 불균형 데이터를 평가하기 위한 지표로 옳지 않은 것은?

① 민감도 ② 정확도
③ 오분류율 ④ Roc곡선

54 기존 모형을 일반화 모형으로 확장하기 위해 연결함수가 필요하다. 다음 중 자연로그 함수를 연결함수로 사용하는 자료 분포로 옳은 것은?

① 정규분포 ② 이항분포
③ 감마분포 ④ 포아송분포

55 다음 중 분석 모형 강화 및 융합 기법에 대한 설명으로 옳지 않은 것은?

① 앙상블(Ensemble)이란 여러 모형의 결과를 종합하여 좋은 성능을 내는 모형이다.
② 배깅(Bagging)이란 부트스트랩(Bootstrap) 기반의 자료 집단을 생성하는 샘플링 기법이다.
③ 랜덤 포레스트(Random Forest)는 의사결정나무 모형에 부스팅(Boosting)을 적용하는 알고리즘으로 좋은 성능을 보인다.
④ 부스팅(Boosting)은 하나의 약한 학습기를 가중치 개선을 통해 점차 강력한 분류기로 만들어 가는 기법이다.

56 다음 중 윌콕슨(Willcoxon) 검정 모형에 대한 설명으로 옳지 않은 것은?

① 윌콕슨 부호순위 검정은 특정 집단의 사전/사후 대응 비교를 위한 검정이다.
② 윌콕슨 순위합 검정은 서로 독립적인 두 집단의 처리효과 비교를 위한 검정이다.
③ 윌콕슨 검정 모형은 중위수 비교를 통해 이루어진다.
④ 윌콕슨 부호 순위 검정은 모집단의 분포가 대칭일 때 검정 가능하다.

57 다음 중 아래의 수식이 설명하는 규제 선형 회귀 종류로 옳은 것은?

$$J(\theta) = \text{MSE}(\theta) + \alpha \frac{1}{2} \sum_{i=1}^{n} \theta_i^2$$

① 라쏘회귀 (Lasso Regression)
② 릿지회귀 (Ridge Regression)
③ 엘라스틱넷 회귀(Elastic-net Regression))
④ 로지스틱 회귀 (Logistic Regression)

58 다음 중 배깅(Bagging) 기법에 대한 설명으로 옳은 것은?

① 편향이 낮은 과소적합 모델에 대하여 규제 완화를 통해 성능을 높이는 기법
② 편향이 높은 과대적합 모델을 일반화 및 정규화 하는 기법
③ 부트스트랩 기반의 표본 자료를 생성하고 각 부트스트랩 자료를 결합하여 최종 예측모형을 산출하는 기법
④ 가중치를 연속적으로 업데이트 하여 약 분류기를 강 분류기로 만드는 기법

59 아래 그림은 최적의 군집수 K를 찾기 위해, 군집 수에 따른 오차를 Scree Plot으로 표현한 것이다. 다음 보기 중 가장 최적의 군집 수 K로 옳은 것은?

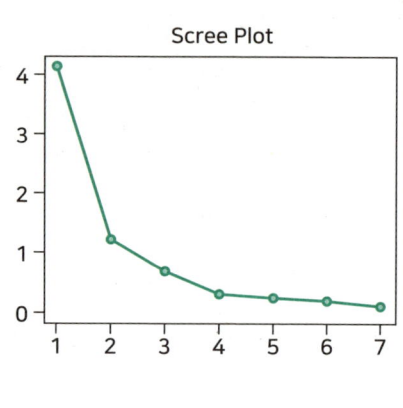

① 1
② 3
③ 4
④ 7

60 다음 중 과대적합을 방지하기 위한 기법으로 옳지 않은 것은?

① Regularization
② Gradient Vanishing
③ Drop Out
④ MAX Pooling

PART 4 빅데이터 결과 해석

61 다음 중 시공간 시각화 기법으로 옳은 것은?

① 히스토그램 ② 체르노프 페이스
③ 카토그램 ④ 평행 좌표계

62 다음 중 초매개변수(Hyper Parameter)의 최적화 기법으로 옳지 않은 것은?

① 베이지안 최적화 ② 그리드 탐색
③ 랜덤 탐색 ④ 경사 하강법

63 다음 그래프의 이름으로 적절한 것은?

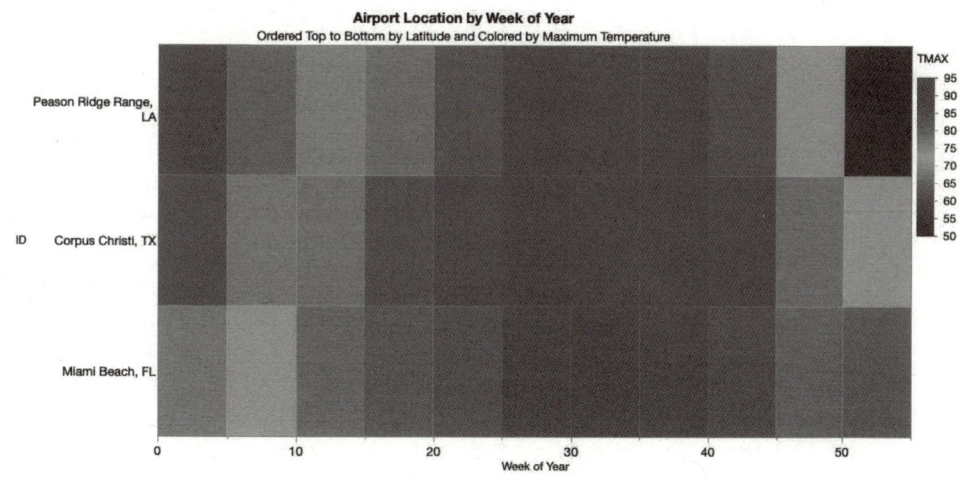

① 히트맵 ② 트리맵
③ 영역차트 ④ 누적영역차트

64 다음 중 아래 조건 하에 분류 모형 평가지표 산출에 대한 설명으로 옳은 것은?

> y = 0 혹은 y = 1 값을 가지는 이진 분류 분석에서 실제 y = 1(True)의 값이 y = 0(False) 값의 2배일 때, 민감도, 특이도, 정확도에 대한 설명으로 옳은 것을 고르시오.

① 민감도와 특이도 둘 다 1일때 정확도는 1이다.
② 특이도가 1일 때 정확도는 1/2이다.
③ 민감도가 1/2일 때 정확도는 1/2이다.
④ 민감도와 특이도가 같을 때 정확도도 특이도와 같다.

65 다음 중 ROC 그래프의 설명으로 적절하지 않은 것은?

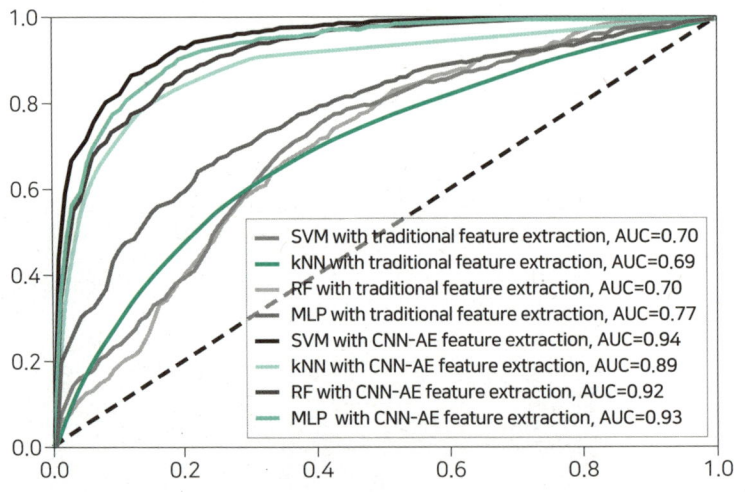

① 민감도가 1, 특이도가 0 인 점을 지난다.
② 민감도가 0, 특이도가 1 인 점을 지난다.
③ 가장 이상적인 그래프는 민감도가 1, 특이도가 1인 점을 지난다.
④ X축의 값이 증가할수록 특이도가 증가하는 그래프이다.

66 다음 중 홀드아웃(Hold Out) 기법을 통해 나눠진 데이터 종류로 옳지 않은 것은?

① 테스트 데이터　　　　　② 검증데이터
③ 학습데이터　　　　　　④ 오그먼트 데이터

67 다음 중 시각화 기법 종류에서 비교 시각화 기법이 아닌 것은?

① 막대그래프　　　　　② 레이더차트
③ 히트맵　　　　　　　④ 산점도

68 다음 중 아래 표는 A 상품 인지도를 알아보기 위함이다. 표와 관련한 설명으로 옳지 않은 것은?

	알고 있음	모름	합계
아이가 있는 남자	460	40	500
아이가 없는 남자	440	60	500
합계	900	100	1000

① 임의로 추출한 남자가 아이가 없을 때, A상품을 알고 있을 확률 = 0.9
② 임의로 추출한 남자가 아이가 있으면서 A를 모를 확률 0.04
③ 임의로 추출한 남자가 아이가 없으면서 A를 모를 확률 0.06
④ 임의로 추출한 남자가 아이가 있을 때, A를 알고 있을 확률 0.92

69 아래 자료는 정사면체 주사위를 임의로 던졌을 때 나온 값을 빈도표로 구성한 것이다. 다음 중 자료에 대한 설명으로 옳지 않은 것은? (단, $X^2(3) = 7.82$일 때 유의확률은 0.05이다.)

H_0: 기대빈도와 관측빈도 차이가 없다.
H_1: 기대빈도와 관측빈도 차이가 있다.

숫자	1	2	3	4
관측빈도	54	46	60	40

① 각 숫자의 기대빈도(기대 도수)는 50이다.
② 기대빈도의 확률은 $P_1 = P_2 = P_3 = P_4 = 1/4$이다.
③ 위 빈도표의 카이제곱 통계량은 4.64이다.
④ 카이제곱 통계량 $X^2(3) = 7.7$일 때 귀무가설을 기각한다.

70 포아송 분포가 맞는지 적합도 검정을 한다 보기 중 맞는 것만 고르면?

> ㄱ. 검정을 위해 하루에 몇 회인지 평균을 구해야 한다.
> ㄴ. 카이제곱 값이 클수록 귀무가설 기각한다.
> ㄷ. 귀무가설은 관측값이 포아송 분포를 따른다는 것을 주장한다.

① ㄱ, ㄴ
② ㄱ, ㄷ
③ ㄴ, ㄷ
④ ㄱ, ㄴ, ㄷ

71 분류모형 평가에서 부트스트랩을 사용하여 훈련용 데이터 선정을 충분히 한다고 가정할 때, 다음 중 전체 관측치 중 훈련용 데이터 셋 비율로 가장 옳은 것은?

① 60.0%
② 82.5%
③ 40.5%
④ 30.0%

72 다음 중 아래 설명에서 나타내고 있는 경사 하강법(Gradient Descent) 기법으로 옳은 것은?

> 모멘텀 방식과 AdaGrad를 결합한 방식으로, 가속도와 학습률 조정을 동시에 적용한 알고리즘이다.

① RMSProp
② BGD
③ Adam
④ SGD

73 다음 중 효과적인 인포그래픽의 조건으로 옳지 않은 것은?

① 메시지를 구체적, 실용적으로 전달한다.
② 그래픽 안에 최대한 많은 정보를 담는다.
③ 스토리를 적절히 담아내어 설득력 있는 정보를 구성한다.
④ 객관적 정보와 더불어, 표현하고자 하는 바를 시각적으로 활용하여 전달한다.

74 다음 중 1:n-1(검증:훈련)비율로 수행되는 K-fold에 대한 설명 중 옳지 않은 것은?

① 데이터셋을 검증용:훈련용 비율로 1:K-1의 비율로 나눈다.
② k값은 항상 3 이상이어야 한다.
③ 연산에 시간이 오래 소요되나 좋은 성능을 내는 장점이 있다.
④ 모든 데이터 셋을 훈련과 검증에 활용할 수 있다.

75 다음 중 히스토그램의 특징으로 옳지 않은 것은?

① 이산적, 연속적인 자료에 활용 가능하다.
② 히스토그램은 시계열 자료를 표현하기에 적합하다.
③ 자료의 대략적 분포를 알 수 있다.
④ 누적 히스토그램은 누적빈도함수의 개형과 유사하다.

76 다음 중 아래 그림과 같이, 너무 작은 경우 학습 속도가 너무 느려지고, 너무 큰 경우 최적해를 찾기 어려운 특성을 가진 초매개변수 개념으로 옳은 것은?

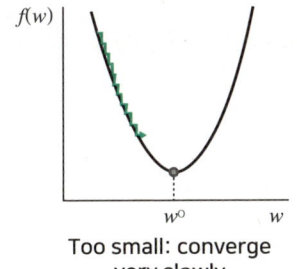
Too small: converge very slowly

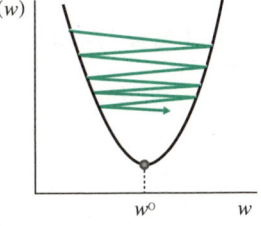
Too big: overshoot and even diverge

① Batch Size
② Learning Rate
③ Epoch
④ Hidden Layer

77 다음 중 아래 설명에 대한 개념으로 옳은 것은?

> FN은 정답인 경우(1, True)를 우리가 정답이 아닌 것으로(0, Negative)로 예측한다. 그렇다면 TP가 의미하는 것으로 옳은 것은?

① 실제 1 예측 1
② 실제 0 예측 1
③ 실제 1 예측 0
④ 예측 0 실제 0

78 다음 중 아래 순서는 빅데이터 모델링을 진행하는 순서이다. 빈칸에 들어갈 개념으로 옳은 것은?

> 문제 정의 → 표준화 → ( ) → 일반화

① 최적화
② 정규화
③ 합리화
④ 확산화

79 다음 중 분석 결과 활용 시나리오 적용을 해야 하는 이유로 가장 적절하지 않은 것은?

① 활용 가능 분야를 파악하기 위해
② 활용서비스 영역을 개발하기 위해
③ 가치사슬 모형을 통해 활용 효과를 탐색하기 위해
④ 작업관리를 효율적으로 하기 위해

80 다음 중 분석모형 리모델링 및 활용 과정별 명칭과 그 내용에 대하여 옳지 않은 것은?

① 최적화 – 조건이나 가중치 변화 시 계수 값 조정 및 제약조건 추가
② 정규화 – 데이터 단위와 분포를 정규화
③ 데이터 마이닝 – 최신 데이터 적용 및 분석 모형 재조정
④ 시뮬레이션 – 최신 데이터 적용이나 변수 추가방식으로 분석모형 재조정

정답 및 해설은 p.141에 있습니다.

2회 필기 복원 기출문제 정답 및 해설

01	③	02	①	03	②	04	②	05	④	06	②	07	④	08	①	09	②	10	②
11	③	12	③	13	④	14	③	15	③	16	④	17	③	18	③	19	③	20	④
21	①	22	③	23	②	24	②	25	④	26	②	27	①	28	④	29	③	30	①
31	②	32	②	33	①	34	①	35	④	36	복원불가	37	①	38	③	39	③	40	②
41	①	42	③	43	②	44	①	45	①	46	②	47	④	48	①	49	③	50	②
51	④	52	③	53	①	54	③	55	①	56	③	57	③	58	③	59	①	60	①
61	②	62	①	63	④	64	④	65	④	66	②	67	④	68	③	69	②	70	④
71	④	72	③	73	③	74	④	75	②,③	76	④	77	④	78	②	79	②	80	③

PART 1 빅데이터 분석 기획

01 답 : ③ ETL

ETL은 Extract, Transform, Load의 줄임말로, 데이터를 추출/변환/적재하는 시스템이다.

02 답 : ① 딥러닝은 오류 역전파 알고리즘으로 학습한다.

딥러닝의 특징으로 오류역전파가 있다. 드롭아웃은 활성화 함수가 아닌 뉴런을 삭제한다. 사라지는 경사도는 데이터가 소실되어 문제를 발생시킨다.

03 답 : ② ㅁ-ㄹ-ㄱ-ㄴ-ㄷ

분석 프로세스 개요로, 데이터 생성, 수집, 저장, 처리, 분석, 시각화 순서로 진행한다.

04 답 : ② 지도 학습

지도 학습이란 정답지가 주어진 것을 학습하는 방식이며, 분류 또는 회귀 모형은 대표적인 지도 학습 방법이다.

05 답 : ④ U - 유일성

비식별화 조치에는 대표적으로 K, L, T가 있다.

06 답 : ② 특이화(Specification)

비식별화란 타인과 구분 지을 수 없게 만드는 것으로, 특이화가 아닌 일반화(Generalize) 조치가 필요하다.

07 답 : ④ EDA

EDA는 탐색적 데이터 분석을 의미한다.

08 답 : ① 최적화 - ㄴ

통찰 - ㄹ, 솔루션 - ㄷ, 발견 - ㄱ이 옳은 연결이다.

09 답 : ② 입사 지원 시 전과조회를 하는 경우

벌금 혹은 요금을 추심하거나, 정보 소유자에게 이득이 되는 행위는 동의가 필요하지 않는다. 그러나 입사 지원의 경우 기업의 임의 수집이 될 수 있어 소유자의 보호를 위해 정보 동의가 필요하다.

10 답 : ② 콘텐츠 및 메타데이터 객체를 정확하게 식별해 낼 수 있는지, 적절하게 반영되고 있는지 검증한다.

콘텐츠 및 메타 데이터는 비정형 데이터로, 해당 내용은 비정형 데이터의 품질 보증인 신뢰성에 대한 설명이다.

11 답 : ③ 데이터의 특이점과 의미 있는 사실을 도출하고, 구조적 관계를 알아내기 위한 기법의 통칭이다.

EDA는 철저한 계획보다는 탐구적인 관점에서 진행하며, 기초 통계량이나 데이터의 분포를 파악하는 것이 목적이다. 따라서 그래프와 도표가 주 결과물이 된다.

12 답 : ③ 빅데이터 모델링

해당 내용은 모델링에 대한 설명이다.

13 답 : ④ 어떻게, 왜 발생하였는가?

진단분석의 목적은 어떻게, 왜 발생하는지 알고자 할 때 수행한다.
① 서술적 분석, ② 규범 분석, ③ 예측 분석이 알맞은 설명이다.

14 답 : ③ 보고 오류

이상치 발생원인으로 보고오류는 없다.

15 답 : ③ DB - 크롤링

DB는 크롤링이 아니라, ETL이나 SQL을 활용한 수집기로 진행된다. 웹 사이트나 기사 댓글 등에 크롤링을 활용한다.

16 답 : ④ 인프라

인프라는 분석 성숙도가 아닌 분석 준비도 평가 항목이다.

17 답 : ④ 정보를 파기하는 경우 파기 사유에 대한 고지

정보를 파기하는 경우는 개인정보보호 의도와 합치하여 고지하지 않아도 된다.

18 답 : ② ㄴ - ㄱ - ㄹ - ㄷ

상향식 접근 방법은 프로세스를 분류하고, 분류된 프로세스 별 흐름을 탐색하고, 분석할 요건을 식별한 뒤 어떤 요건인지 정의한다.

19 답 : ② 완전성

해당 설명은 완전성에 대한 설명이다.
- 유일성 : 데이터 항목은 중복되어선 안됨
- 유효성 : 주어진 유효범위를 충족해야 함
- 신뢰성 : 사용자의 오류를 방지함

20 답 : ④ Data Governance

데이터 거버넌스에 관한 설명이다.

PART 2 빅데이터 탐색

21 답 : ① 각 범주의 평균

1, 3 분위수를 통해 분산을, 2분위수를 통해 중앙값을, 그래프를 통해 이상치를 알 수 있지만 평균은 알 수 없다.

22 답 : ③ 주성분 분석(PCA)

주성분 분석은 데이터 차원을 축소하는 방법이다.

23 답 : ② 카이제곱 분포는 K개의 독립적인 변수를 제곱하여 얻어진 분포로, 자유도는 K이다.

포아송 분포의 분산은 평균과 동일하다. 자료가 정규분포인 경우 모수는 2개(평균, 표준편차)이다. 베르누이 확률 변수를 여러 번 반복할 경우 이항분포를 따르게 됩니다.

24 답 : ② 데이터 수집 시기에 따른 변수

파생 변수란 변수 간의 결합, 단위의 변환 등을 통해 새롭게 정의된 변수를 말한다. 데이터 수집 시기는 특정 객체의 고유 값이므로 파생변수가 될 수 없다.

25 답 : ④ 5/17

조건부확률을 통해 풀 수 있다. P(A공장 불량품 | 불량품)을 구하면 되므로,

$$\frac{P(\text{A공장 불량품})}{P(\text{불량품})} = \frac{\text{제품을 골랐을 때 A공장 불량일 확률}}{\text{제품을 골랐을 때 불량일 확률}}$$

전체 물건이 100개라고 가정하면, 무작위로 골랐을 때 A불량일 확률 : 0.005, 무작위로 골랐을 때 불량일 확률 : 0.017(A, B, C 불량일 확률의 합) 이므로 5/17

26 답 : ② (167.94, 172.06)

해당 귀무가설은 양측검정이므로 0.05를 절반으로 나눈 0.025로 보아야한다. 여기서 모집단은 정규분포를 따르지만 모분산을 모르기에 t 분포를 사용한다. t 분포의 자유도는 n−1이므로 24의 자유도로 통계치를 구한다.

27 답 : ① 5/12

최대우도 추정은 모든 표본의 우도함수에 대한 곱의 미분해를 구하는 것이다.

우도함수의 곱을 구하면,

$f(x) = \theta^5 e^{-12\theta}$

이다. 쉽게 계산하기 위해 양 변에 Log를 씌우면,

$\ln f(x) = \ln(\theta^5 e^{-12\theta})$

이고, 이를 풀어내면 아래와 같다.

$5\ln\theta - 120\theta^* \ln(e) = 0$

극값이 0인 미분해를 구하기 위해 양 변에 세타에 대한 미분을 하면

$\frac{5}{\theta} - 12 = 0$

이므로, 최대우도 값을 갖는 세타는 5/12 이다.

28 답 : ④ 가, 나, 다

모두 옳은 표현이다.

29 답 : ④ 표본 상관 계수

다변량 변수 비교는 여러 변수 간의 통계량을 비교하는 것이다. 분산은 하나의 변수에 대한 흩어진 정도를 뜻한다. 표본 상관계수는 두 변수 이상의 상관 관계를 볼 수 있다.

30 답 : ① 병렬 차트(Parallel Chart)

해당 그래프를 Parallel Chart라고 한다.

31 답 : ② 0.0228 / 0.8413

Z 통계량인 $(X - \sigma\mu)/\sigma$를 이용하여 구한다. 위의 조건의 경우 Z = 2인 단측검증으로 계산되어 0.0228, 아래 조건인 경우 Z = 1인 단측검정으로 검정력은 (1−2종오류) 이므로 1 − 0.1587 = 0.8413 이다.

32 답 : ② 불편성 : 표본에서 얻은 추정값은 모수와 차이가 있다.

불편성이란 편향이 없음을 의미한다. 즉 모수와 추정값이 차이가 없다는 뜻이다.

33 답 : ① A : 정확히 일치 / B : 제1종 오류 / C : 제2종 오류/ D : 정확히 일치

제1종 오류란 귀무가설이 사실인데 기각하는 경우이고, 제2종 오류 대립가설이 사실인데 귀무가설을 채택하는 경우이다.

34 답 : ① 주정분 분석(PCA)을 활용한다.

차원의 저주는 차원 축소 기법을 통해 해결할 수 있다.

35 답 : ④ 중위수

운동 선수의 연봉은 많은 이상치를 포함하고 있기 때문에, 집단의 대표적인 값을 알기 위해선 이상치에 영향을 덜 받는 중위수가 적절하다. 최빈값은 범주형 변수에서 사용한다.

36 문제 삭제

37 답 : ① Clustering

SMOTE는 데이터 사이의 값을 생성하여 적은 클래스의 개체를 보완하는 방식이다. Clustering은 샘플링 기법이 아니다.

38 답 : ③ n이 커지면 표본 오차가 커진다.

표본 오차는 $S/\sqrt{n}$ 으로, n이 커지면 작아진다.

39 답 : ③ 이항분포

이항 분포는 이산형 분포이고, 나머지 분포는 연속형이다.

40 답 : ② 표본 N의 크기가 30보다 작은 경우 표본평균은 t분포를 따른다.

모집단이 정규분포를 따르는 경우 표본 평균은 크기와 상관없이 정규분포를 따른다.

PART 3 빅데이터 모델링

41 답 : ① 후진소거법

전진선택법은 영 모형에서 시작하여 유의한 변수를 추가하는 방식이다.

42 답 : ③ 가중치 (Parameter)

인공신경망에서 타겟 값은 가중치로, 오류 역전파 등을 통해 가중치를 지속 갱신하며 더 나은 모형을 학습한다.

43 답 : ② (3×3)

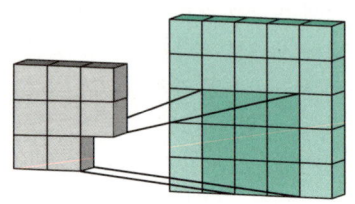

5×5 map에서 3×3, Stride 1로 Feature를 뽑아낼 경우 위와 같이 3×3 map을 추출한다.

44 답 : ① 잔차의 선형성

잔차의 선형성은 모형의 타당성 검증 요소가 아니다. 잔차가 선형성을 갖는 경우 모형을 신뢰할 수 없다.

45 답 : ① SVM 모형 구축 시 연산 속도가 빠르다.

SVM 모형은 최적 Margin 찾는 방식이기 때문에 이 과정에서 많은 연산이 필요하다.

46 답 : ② 개체들 간의 유사성을 활용하여 개체들 간의 거리를 표현한다.

다차원 척도법은 데이터 간의 비유사성을 활용하여 데이터를 2차원에 표현한 기법이다.

47 답 : ④ Lasso

Lasso는 가중치의 절대값을 규제식으로 사용하고, Ridge는 가중치의 제곱합을 규제식으로 사용한다.

48 답 : ① ㄱ - ㄴ - ㄷ

데이터 수집 후, 알고리즘을 수행한다. 수행한 결과로 평가 후 모형을 선정한다.

49 답 : ② 로지스틱 회귀 분석

로지스틱 회귀 분석은 목적 변수가 범주형인 문제를 풀 때 사용한다.

		종속변수	
		연속형	범주형
독립변수	연속형	회귀분석	로지스틱 회귀분석
		인공신경망	판별 분석
		KNN	KNN
	범주형	회귀분석	인공신경망
		인공신경망	로지스틱 회귀분석
		의사결정나무	인공신경망

50 답 : ② TP : 3/4 , FP : 1/8

TP Rate는 실제 True인 대상 중 예측 값과 일치하는 비율로, 45/65이다. FP Rate는 실제 False인 대상 중 예측값과 일치하는 비율로, 5/40이다.

51 답 : ④ 부스팅 - GBM

AdaBoost는 부스팅 모델이며, 랜덤 포레스트는 배깅과 부스팅이 아닌 개별적인 모형이다. GBM은 Gradient Boosting 모형을 말한다.

52 답 : ③ $\dfrac{P(X \mid B)P(B)}{P(X \mid A)P(A) + P(X \mid B)P(B)}$

베이지안 정리를 활용하며, X는 A와 B의 합집합으로 나타낼 수 있다.

$= P(B/X) = \dfrac{P(X \cap B)}{P(X)} = \dfrac{P(X/B)P(B)}{P(X \cap A) + P(X \cap B)}$

$= \dfrac{P(X/B)P(B)}{P(X/A)P(A) + P(X/B)P(B)}$

53 답 : ① Hold - Out

Hold - Out은 대표적인 데이터 셋 분할 기법으로, 데이터를 훈련 / 검증 / 테스트로 나누어 학습한다.

54 답 : ② 페이스북에 올라온 사진을 군집별로 묶는 문제

군집 분석은 대표적인 비지도 학습 기법으로, 정해진 답지 없이 비슷한 유형끼리 묶는 방식이다.

55 답 : ① 분류 모형

해당 데이터를 활용한 필체분석은 CNN 이미지 분류 모형을 사용한 분류 분석 기법이다.

56 답 : ③ 군집화 분석

특정 집단의 표준 치수를 구하기 위해선, 특정 집단이 가진 특성을 반영할 수 있어야 한다. 몇 가지 범주로 표준 치수를 설정해야 하는 경우, 군집 분석을 통해 비슷한 치수를 가진 학생끼리 묶은 후 표준을 설정한다. 분류 분석은 특정 범주로 분류하는 방식으로 적절하지 않다.

57 답 : ② 이항 분포

이항 분포는 이산형 분포의 한 종류이다.

58 답 : ② 음성: 정적함수 $y = f(x)$

음성 데이터는 정적함수가 아닌 동적함수이다.

59 답 : ① 연산 속도가 빨라 모델을 학습하는 시간을 절약할 수 있다.

Random Forest 모형은 여러 의사결정 나무를 앙상블한 것으로 복잡도가 높아 연산 과정이 많고 속도가 비교적 느리다.

60 답 : ① K 개의 데이터를 사용하여 검증하는 방식이다.

K-Fold 방식은 데이터를 K개의 집단으로 만들어, K번 번갈아 가며 학습데이터를 사용하는 것이다. K개의 데이터를 사용하는 것은 옳지 않다.

⚙ PART 4 빅데이터 결과 해석

61 답 : ② 우수한 모델은 적은 편향과 분산을 가진다.

편향과 분산이 적을수록 신뢰도와 정확도가 높은 모형이다.

62 답 : ① 초매개변수(Hyper Parameter) : 모형에서 계산되는 것이 아닌 사용자가 직접 설정하는 값이다.

학습률이 클수록 빠르게 학습한다. 가중치는 모델 학습 중 여러 번 갱신된다. 데이터가 학습에 사용된 반복 횟수는 Epoch라고 한다. 배치는 가중치를 한 번 업데이트 할 때 사용하는 데이터 크기를 말한다.

63 답 : ④ 버블차트

버블차트는 산점도에서 객체 별 크기 성분을 추가하여 한 차원 더 높은 시각화 기능을 보여주는 기법이다.

64 답 : ④ Star Chart

Westafr British Austral Gorilla1 Gorilla2

Orang1 Orang2 Chimpan1 Chimpan2 Pith.Pek

스타차트는 다변량 시각화 기법으로, 여러 변수를 각 꼭지점에 대응하여 여러 변수 표현이 가능하다.

65 답 : ④ 목표 변수에 대한 임계값을 조절한다.

불균형 샘플링에 대한 기본적인 접근은 적은 데이터를 많이 추출하고, 많은 데이터를 적게 추출하는 것이다. 목표 값에 대해 임계값을 설정하여 일부 데이터를 전부 삭제하는 조치는 옳지 않다.

66 답 : ② ROC Curve의 X 축은 특이도(Specify)이다.

ROC Curve의 X축은 FP Rate(1- 특이도) 이다.

67 답 : ④ FP + FN : AUC

AUC는 ROC Curve의 밑 면적을 의미한다.

68 답 : ③ 은닉층의 개수

오차, 가중치, 회귀 계수는 데이터와 모형 수식으로 내부에서 계산된다. 하이퍼 파라미터는 사용자가 직접 설정해주는 값으로, 은닉층의 개수, 에폭(Epoch), 배치(Batch) 등이 있다.

69 답 : ② Elbow 기법

Elbow 기법과 실루엣 기법은 대표적인 군집 수를 결정하는 방법이다.

70 답 : ④ 정밀도, 재현율

F1 Score는 정밀도와 민감도(재현율)를 조화평균으로 결합한 지표이다.

$$F1\ Score = \frac{2}{\frac{1}{recall} + \frac{1}{precision}}$$

$$= 2 \times \frac{recall \cdot precision}{recall + precision}$$

71 답 : ④ 연속형 예측 모형은 주로 TS(Tracking Signal)을 사용한다.

TS, 추적신호는 범주형 예측 모형의 사후 관리 지표로 주로 사용된다.

72 답 : ④ 카이제곱 검정

카이제곱 분포는 대표적인 범주형 검정의 방법 중 하나이다. 나머지 검정 기법은 주로 연속형 일 때 사용한다. 카이제곱 검정은 적합도 검정 뿐 아니라, 여러 범주형 분포의 통계량 산출에 사용된다.

73 답 : ③ 복잡한 빅데이터는 시각화가 복잡해지는 경향이 있다.

복잡한 빅데이터를 단순화 하기위해 효과적인 시각화 기법을 사용한다.

74 답 : ④ 분류형 모델 : 밀도 및 군집도

밀도 및 군집도는 설명형 모델의 선정 기준이다.

75 답 : ② 민감도 : 실제 긍정인 대상 중 예측값과 일치하지 않는 비율이다.

③ 특이도 : 실제 부정인 대상 중 예측값과 일치하지 않는 비율이다.

민감도는 실제 긍정인 대상 중 예측값과 일치하는 비율이며, 특이도는 실제 부정인 대상 중 예측값과 일치하는 비율로 정답은 ②, ③이다. 실제 기출문제 또한 복수 정답이다.

76 답 : ④ Wilcoxon 부호 순위 검정

Wilcoxon 부호 순위 검정은 비모수 통계 검정 방법으로 두 분포가 동일한 분포인지 비교하는 검정 방법이다.

77 답 : ④ 데이터가 많을 때, 훈련 데이터로만 학습하고, 검증은 하지 않아도 신뢰도가 높다

데이터가 많아도 검증 데이터를 통해 모형의 정확도를 반드시 검증해야한다.

78 답 : ② 잔차

계절성과 추세, 예측은 위의 성분에서 찾을 수 있다. 첫 번째 그래프의 변동은 불규칙성으로 잔차가 아니다.

79 답 : ② ㄱ, ㄷ

ㄱ. p값이 유의하지 않은 변수는 X_2와 X_4로, 설명력이 낮아 제거 가능하다.

ㄴ. P-value가 큰 것은 귀무가설을 채택하는 의미이다. 따라서 틀린 설명이다.

ㄷ. 베타는 변수의 설명력을 나타낸다. X_1이 0.333으로 가장 크다.

80 답 : ③ 위 자료의 경우 로그를 활용하여 회귀 진단을 만족할 수 있다.

해당 그래프는 정규성을 가지나 등분산성을 따르지 않는다. 우측에 치우쳐져 있기 때문에 로그 변환으로 평탄화를 진행한다.

3회 필기 복원 기출문제 정답 및 해설

01	①	02	③	03	④	04	②	05	②,④	06	③	07	②	08	③	09	③	10	②
11	②	12	④	13	④	14	②	15	④	16	④	17	②	18	③	19	②	20	②
21	②	22	④	23	④	24	③	25	③	26	②	27	①,②	28	①	29	①	30	③
31	③	32	③	33	③	34	①	35	②	36	③	37	④	38	①	39	④	40	④
41	①	42	②	43	④	44	②	45	①	46	④	47	③	48	②	49	③	50	④
51		52		53		54	X	55		56		57		58		59	④	60	②
61	①	62	②	63	②	64	④	65	②	66	②	67	②	68	③	69	③	70	②
71	③	72	①	73	④	74	②	75	②	76	③	77	③	78	②	79	②	80	④

✼ PART 1 빅데이터 분석 기획

01 답 : ① 도메인 이슈 도출

NCS에서 정의하는 빅데이터 분석 절차는
1. 도메인 이슈 도출
2. 분석 목표 수립
3. 프로젝트 계획 수립
4. 보유 데이터 자산 확인
5. 빅데이터 분석 결과 시각화

위와 같이 다섯 단계로 이루어져 있다.

02 답 : ③ Value

03 답 : ④ ETL

ETL은 다양한 소스로부터 데이터를 추출, 변환, 적재하는 시스템이다.

04 답 : ② 우선 순위 고려 요소에는 ROI/투자비용 요소가 있다.

분석 마스터 플랜 중 '분석 과제 전략 우선 순위' 전략적 중요도, 비즈니스성과/ROI, 실행 용이성을 토대로 설정한다. 델링 단계 또한 반복 적으로 진행한다.

05 답 : ② Pig
　　④ Hbase

Oozie는 하둡 작업을 관리하는 솔루션이며 스케줄링 시스템이다. Pig는 하둡의 복잡한 ETL 작업을 구현할 수 있다.

06 답 : ③ 소멸성

소멸성이 아닌 비휘발성을 갖고 있다.

07 답 : ② 우주 왕복선에 사용되는 부품

우주 왕복선은 제작하는 개체가 적기 때문에 모든 부품을 검수한 후에 제작된다. 생태학의 경우 일정 구획을 지정하여 생물 개체를 조사하여 샘플링에 활용한다.

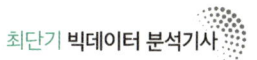

08 답 : ③ 개인의 건강 상태가 기록된 의료 정보

건강 상태는 민감정보가 아닌 일반 개인 정보이다.

09 답 : ③ 시스템 구축을 위해 데이터를 가공하여 소프트웨어를 프로그래밍 하고 개발한다.

시스템 구축을 위한 프로그래밍은 개발자의 역량이다.

10 답 : ② NoSQL

NoSQL이란 Not Only SQL의 약자로 비정형/반정형 데이터를 처리하기 위한 비관계형 DB이다.

11 답 : ② 데이터를 익명처리 해야 하는 중요한 정보인 경우에는 익명으로 처리될 수 있도록 한다.

개인정보는 중요한 정보임에 상관없이 익명으로 처리되어야 한다.

12 답 : ④ GDPR(General Data Protection Regulation)

13 답 : ④ ㄷ - ㅁ - ㄹ - ㄱ - ㄴ

14 답 : ② 분석 데이터 수집 시 분석주기는 고려하지 않아도 된다.

빅데이터 분석 시 분석 주기를 고려하여 데이터 수집 인프라를 구축해야 한다.

15 답 : ④ 재현 데이터는 보안에 취약한 단점이 있다.

정보의 보안과 보호를 위해 원자료가 아닌 재현 자료를 이용하여 분석한다.

16 답 : ④ 빅데이터 활용으로 재택근무가 감소한다.

클라우드 기술로 재택근무가 증가하였다.

17 답 : ② 마이데이터

18 답 : ③ 인공지능은 기계학습보다 대부분의 경우 좋은 성능을 보이므로, 기계학습을 대체할 기술로 평가받는다.

인공지능과 기계학습의 분야는 각자의 분야에서 좋은 성능을 보인다. 두 분야를 혼동해서는 안 된다.

19 답 : ② 값 대체

값 대체는 비식별화 기술이 아니다. 마스킹, 총계처리, 범주화가 전부 값 대체를 기반으로 수행된다.

20 답 : ② 데이터 수집 및 정합성 검정

데이터 수집 및 정합성 검정은 데이터 준비 절차에서 수행된다.

PART 2 빅데이터 탐색

21 답 : ② 분산이 가장 작은 성분부터 고른다.

주성분 중 분산이 큰 성분부터 고른다. 즉, 고유값이 큰 주성분부터 선택한다.

22 답 : ④ 편이성

점추정의 조건은 불편성, 효율성, 일치성, 충분성이다.

23 답 : ④ 민감도는 전체 중에 정답인 수의 비율이며 불균형 데이터로 모델을 돌렸기 때문에 민감도가 높아도 일반화하기 어렵다.

불균형 데이터는 단순히 정확도로 모형의 성능을 진단하기 어렵기 때문에 민감도 또는 특이도 등의 평가지표를 사용한다.

24 답 : ③ 상관계수가 −1이면 강한 음의 상관 관계를 지닌다.

자료 간의 순위를 이용한 상관계수는 스피어만 상관계수이다. 상관 분석은 수치형 자료의 상관성을 파악하기 위해 사용한다.

25 답 : ③ 특이값 분해 기법은 여러 개의 행렬을 하나의 행렬로 통합시키는 것을 말한다.

특이값 분해란 하나의 행렬을 여러 개의 행렬요소로 분해하여 차원을 축소하는 기법이다.

26 답 : ② 왜도 > 0, 최빈값 < 중앙값 < 평균

27 답 : ① 지니(Gini) 지수
　　　② 엔트로피(Entropy) 지수

Dunn지수와 실루엣 지수는 군집분석의 분리도를 평가하는 지표이다.

28 답 : ① 결측값과 이상치 처리를 통해 데이터의 신뢰도를 높인다.

29 답 : ① 두 변수 간의 상관계수를 통해 변수를 선택할 수 있다.

0에 가까운 분산을 갖는 변수는 의미가 없는 변수이다. 필터 방법은 변수의 통계적 특징을 사용한 변수선택법이다. 릿지 회귀는 가중치의 제곱합을 최소화하는 기법이다.

30 답 : ③ 실제 통계 모형을 적용하기 전, 파생변수를 생성하여 통계적 가정을 검증하기 위해 수행한다.

박스콕스 변환은 자료의 구조를 정규화하는 기법이다.

31 답 : ③ 5, 2

평균의 경우 계수를 그대로 반영하여 가)는 $(1/2) \times 4 + (1/3) \times 9$로 5가 되며, 분산은 계수를 제곱하여 $1/4 \times Var(X) + 1/9 \times Var(Y)$가 된다. 포아송 분포의 분산은 평균과 같으므로 나)는 $(1/4) \times 4 + (1/9) \times 9$이므로 2이다.

32 답 : ② 비닝(Binning)

비닝(Binning)은 데이터를 범주화 하는 것으로 스케일링 기법이 아니다.

33 답 : ④ 범위

중위수, 최빈값, 평균은 중심경향(Central Tendency)이며, 범위는 데이터의 퍼진 정도를 나타내는 통계량이다.

34 답 : ① 제1종 오류는 귀무가설이 실제로 참이지만 귀무가설을 기각하는 오류를 말한다.

②에서 설명하는 개념은 유의확률이 아닌 유의수준이다. 제2종오류를 범할 확률은 베타라고 하며, '$1 - \beta$'를 검정력이라고 한다

35 답 : ② 3/11

조건부 확률로 계산하는 경우, 'A가 발생했을 때 B가 발생할 확률'은 $P(B|A)$이고, 이는 $P(A \cap B)/P(A)$이다. P(증상이 없으면서 남자일 확률)/P(남자일 확률)을 계산한다. 즉 $(150/1000)/(550/1000)$이므로 답은 15/55 즉, 3/11이다.

36 답 : ③ 박스-콕스(BOX-COX) 변환하여 변수 Scale을 최적화한다.

변수 스케일링은 다중 공선성 해결방법이 아니다.

37 답 : ④ 내재적 특성

데이터 품질 유형 및 세부 품질 요소

데이터 품질 유형	데이터 품질 요소
내재적 품질	정확성, 객관성, 진정성 등 데이터 자체의 우수성
접근성	접근성, 접근 보안성 등 데이터에 접근 할 수 있는 환경적 우수성
상황적 품질	연관성, 초시간성, 완전성, 데이터 양 등 사용자가 목적하는 상황에 적합성
표현적 품질	해석력, 간결성, 용이성, 일관성 등 데이터 표현의 명확성

38 답 : ① 수치형 변수 데이터를 그룹으로 범주화 한다.

① 항목 설명은 Binning으로 스케일링과 관련 없는 범주화 기법이다.

39 답 : ④ 조화 평균은 자료의 평균에 대한 역수들의 합이다.

조화평균의 평균의 역수가 아닌 역수들의 평균이다.

40 답 : ④ 최근방 대치법

PART 3 빅데이터 모델링

41 답 : ① 부스팅(Boosting)

나머지는 병렬 모형에 대한 설명이다.

42 답 : ② 선형 회귀 모형과 로지스틱 회귀의 종속변수는 정규분포를 따른다.

로지스틱 회귀 모형은 이진 분류 모형으로 이항분포를 따른다.

43 답 : ④ F 통계량

의사결정 나무 모형은 이산형으로 수치형을 종속변수로 갖는 통계량은 사용할 수 없다.

44 답 : ② 시그모이드(Sigmoid) 함수의 경우 각 레이어를 지날 때마다 분산이 줄어들어 성능이 우수하다.

레이어를 지날 때마다 분산이 줄어드는 것을 기울기 소실이라고 합니다. 기울기 소실은 인공신경망에서 과적합을 유발하여 성능을 저하시키는 단점입니다.

45 답 : ① ReLu 함수는 시그모이드 함수와 마찬가지로 기울기 소실 문제가 있다.

ReLu 모형은 시그모이드 함수의 기울기 소실 문제를 극복하기 위해서 개발되었다.

46 답 : ④ 평균은 표본 데이터와 관측치의 단위가 같다.

왜도는 데이터가 얼마나 치우쳐져 있는지 계산하는 통계량이다.

47 답 : ③ 왜도가 치우쳐진 분포여도 표본 크기가 큰 경우 중심 극한 정리 적용이 가능하다.

중심극한 정리는 모든 분포에 적용할 수 있고, N의 크기가 충분히 큰 경우 가능하다. 여러 모집단에서 뽑은 표본이 아닌 한 모집단에서 뽑은 분포에 해당한다.

48 답 : ② 가-RNN, 나-CNN, 다-RNN+CNN, 라-강화학습

RNN은 자연어 처리, 텍스트 분석에 사용되고 CNN은 이미지처리에 주로 사용된다.

49 답 : ③ 하드 마진(Hard Margin)을 적용하는 경우 비교적 더 많은 오류를 허용하여 모형을 일반화할 수 있다.

소프트 마진이 더 많은 오류를 허용한다. 하드 마진은 오류를 허용하지 않도록 설정한다.

50 답 : ④ $X_c^2 = \sum \frac{(O_i - E_i)^2}{E_i}$

51 답 : ② 집락 추출

층화추출은 집단 내 동질, 집단 간 이질이며, 집락추출은 집단 내 이질, 집단 간 동질인 특성을 갖고 있다.

52 답 : ② 윌콕슨(Wilcoxon) 부호 순위 검정

표본 종류		모수 검정	비모수 검정
단열 표본		단일표본 T 검정	콜모그로프 (Komogorov) 검정
2개 집단	대응 표본	대응표본 T 검정	윌콕슨(Wilcoxon) 부호순위 검정
	독립 표본	독립표본 T 검정	만 휘트니 (Mann–Whitney) 검정
3개 집단	대응 표본	반복측정 분산분석	프리드먼 (Friedman) 검정
	독립 표본	일원배치 분산분석	크로스칼 왈리스 (Kruscal–Walis) 검정

53 답 : ③ 규칙 요인

불규칙 요인이다.

54 답 : 심층신뢰망(Deep belief network) 관련 내용 출제

55 답 : ④ 초매개변수는 학습 과정에서 자동으로 계산되는 값이다.

초매개변수는 Hyper Parameter로 분석가가 직접 설정해주는 값이다.

56 답 : ④ 입력층 데이터 개수를 감소시킨다.

드롭 아웃은 신경망의 은닉 뉴런을 감소시켜 과적합을 방지한다. 학습률이 너무 작거나 큰 경우 전역최적해를 찾지 못하고 과적합될 가능성이 높아지므로 학습률을 조정한다. 노드 간의 가중치를 줄이는 것(Weight Decay)을 가중치 규제라고 한다. 입력층 데이터 개수를 감소하는 것은 데이터의 양을 줄이게 되므로 오히려 과적합을 발생시킨다.

57 답 : ③ 과거 P 시점 전의 유한 개 백색잡음 선형결합으로 현재의 데이터가 설명된다면 자기회귀(AR) 모형이다.

유한 개의 백색잡음으로 표현되는 모형을 이동평균(MA)이라고 한다.

58 답 : ③ 19

은닉층의 첫 번째 뉴런은 10(Bias) + (1 × 2) + 2 × (−1)으로 10이고, 두 번째 뉴런은 −3 (Bias) + 1 × (−3) + 2 × 5이므로 4이다.

출력층은 15 + (10 × 0.2) + (4 × 0.5)로 19가 된다.

59 답 : ④ 자기상관

자기 상관이란 시계열 특정 시차 값 사이의 상관 관계를 의미한다.

60 답 : ② 이진 분류에만 활용 가능하다.

나이브 베이즈 분류기는 다중분류에 사용 가능하다.

PART 4 빅데이터 결과 해석

61 답 : ① 특이도(Specificity)

62 답 : ② 원-핫 인코딩(One Hot Encoding)

원-핫 인코딩은 자연어 처리 중 단어 집합의 인덱스를 1, 0으로 인코딩하는 방식을 말합니다.

63 답 : ② 버블 차트(Bubble Chart)

파이차트와 트리맵은 분포시각화, 히트맵은 비교시각화 유형이다.

64 답 : ④ 잔차 히스토그램

잔차 히스토그램은 잔차 도표로 잔차의 등분산성 검정을 위해 활용한다.

65 답 : ② 지지도 1/3, 신뢰도 2/3

지지도는 P(A∩B) 신뢰도는 P(A∩B)/(P(A))이다. 오렌지, 사과, 자몽이 모두 포함된 거래는 3이므로 지지도는 3/6이고, 이를 오렌지가 포함된 거래의 확률(1/2)로 나누면 2/3이 된다.

66 답 : ④ 카토그램

67 답 : ② 관계 중심성

사회연결망 분석에는 연결 중심성, 매개 중심성, 아이겐벡터 중심성 등이 있다. 관계 중심성은 중심성 지표가 아니다.

68 답 : ③ 학습(Training) 데이터 셋과 평가(Test) 데이터 셋은 일부 섞어도 무방하다.

학습 데이터 셋과 평가 데이터 셋을 섞는 경우 과적합이 발생할 수 있다.

69 답 : ③ 상위 세 개의 주성분을 선택하는 경우 주성분 모형은 분산의 95.66%를 설명할 수 있다.

종속변수의 개수는 4개이다. 설명력이 가장 높은 것은 분산이 가장 높은 것으로 1번 주성분이다. 주성분 분석은 차원 축소 기법이다.

70 답 : ② 민감도 4/5, 정밀도 2/3

민감도는 실제 Positive인 대상 중 예측값과 일치하는 비율로 4/5이다. 정밀도는 Positive로 예측한 대상 중 실제값과 일치하는 비율이다.

71 답 : ③ MAE

MAE는 평균 절대오차로 예측 모형에서 사용하는 평가지표이다.

72 답 : ① $\frac{100}{n} \sum \left| \frac{y_i - \hat{y}_i}{y_i} \right|$

73 답 : ④ 홀드 아웃 (Hold-Out)

74 답 : ② p-값을 확인하여 해당 모형의 등분산성을 알 수 있다.

잔차의 등분산성은 잔차 도표를 통해 확인한다. SSR의 자유도가 1인것으로 보아 해당 모형의 변수는 한 개이다. P값이 0.001이므로 해당 모형은 설명에 적합하다. X1 계수가 0.0001139로 양수이므로 X1 변수가 증가하면 y값 또한 증가한다.

75 답 : ④ ROC 그래프는 좌상단에서 멀리 떨어질수록, 그래프 중앙의 기준선에 가까울수록 좋다.

ROC 커브는 좌상단에 붙어 있을 수록 좋은 모형이다.

76 답 : ③ Kolmogorov-Smirnov 검정

누적 분포 함수 차이를 이용한 적합도 검정은 K-S(Kolmogorov-Smirnov)검정이다.

77 답 : ④ AdaBoost

AdaBoost는 부스팅 모형이다.

78 답 : ③ 특이도 (Specificity)

79 답 : ② 과대적합은 분석 모형이 평가 데이터를 지나치게 학습하여 훈련 시 결과가 좋지 않은 것을 의미한다.

과대적합이란 훈련 시 결과가 좋았으나 실제 데이터를 평가하는 경우 결과가 좋지 않은 경우를 말한다.

80 답 : ④ 관계시각화

히스토그램은 관계시각화 유형이다.

4회 필기 복원 기출문제 정답 및 해설

01	③	02	④	03	③	04	③	05	①	06	③	07	②	08	②	09	①	10	④
11	②	12	③	13	④	14	③	15	①	16	②	17	②	18	③	19	②	20	④
21	①	22	④	23	③	24	④	25	④	26	③	27	②	28	②	29	③	30	①
31	①	32	②	33	①	34	②	35	①	36	②	37	④	38	③	39	③	40	②
41	②	42	④	43	③	44	①	45	④	46	③	47	②	48	①	49	②	50	②
51	①	52	②	53	②	54	②	55	②	56	②	57	②	58	②	59	②	60	②
61	③	62	④	63	①	64	①	65	②	66	④	67	④	68	①	69	④	70	④
71	①	72	③	73	②	74	②	75	②	76	②	77	②	78	①	79	④	80	②

✦ PART 1 빅데이터 분석 기획

01 답 : ③ GFS와 동일한 소스코드를 사용한다

HDFS는 GFS를 모델로 하여 만들어진 오픈소스로, 동일한 소스코드와 특징을 가진다. 네임노드는 네임스페이스와 메타데이터를 관리한다.

02 답 : ④ 훌륭한 알고리즘을 보유하였다면 학습을 생략해도 된다.

03 답 : ③ 여러 컴퓨터를 하나의 서버환경에 저장하는 것을 말한다.

병목 현상을 해결하기 위해 분산시스템이 고려되었다.

04 답 : ③ 분석데이터 적용

05 답 : ① A 마트의 상품은 B 마트보다 저렴할 것이다.

06 답 : ③ ⓐ → ⓒ → ⓓ → ⓑ

빅데이터 분석 방법론은 비즈니스 이해 및 범위 설정, 프로젝트 정의 및 수행 계획 수립, 프로젝트 위험 계획 수립 순서로 진행된다.

07 답 : ② 비식별 정보는 제3자 제공이 가능하며, 원칙적으로 불특정 다수에 대한 공개가 가능하다.

비식별 정보여도 원칙적으로 불특정 다수에게 공개가 불가능하다.

08 답 : ② 데이터 마스킹 : 개인 식별에 중요한 데이터 값을 삭제하는 것

마스킹은 공백과 대체를 활용하여 값을 가리는 기법이다.

09 답 : ① 가치(value)

10 답 : ④ 2^{70} byte

바이트 크기						
SI 접두어		전통적 용법		이진 접두어	
기호(이름)	값	기호	값	기호(이름)	V값
kB(킬로바이트)	$1000^1 = 10^3$	KB	$1024^1 = 2^{10}$	KiB(키비바이트)	2^{10}
MB(메가바이트)	$1000^2 = 10^6$	MB	$1024^2 = 2^{20}$	MiB(메비바이트)	2^{20}
GB(기가바이트)	$1000^3 = 10^9$	GB	$1024^3 = 2^{30}$	GiB(기비바이트)	2^{30}
TB(테라바이트)	$1000^4 = 10^{12}$	TB	$1024^4 = 2^{40}$	TiB(테비바이트)	2^{40}
PB(페타바이트)	$1000^5 = 10^{15}$	PB	$1024^5 = 2^{50}$	PiB(페비바이트)	2^{50}
EB(엑사바이트)	$1000^6 = 10^{18}$	EB	$1024^6 = 2^{60}$	EiB(엑스바이트)	2^{60}
ZB(제타바이트)	$1000^7 = 10^{21}$	ZB	$1024^7 = 2^{70}$	ZiB(제비바이트)	2^{70}
YB(요타바이트)	$1000^8 = 10^{24}$	YB	$1024^8 = 2^{80}$	YiB(요비바이트)	2^{80}

11 답 : ② 스파크 (Spark)

12 답 : ③ 프로젝트 성과 분석 및 평가 보고

성과 분석과 평가는 평가 및 전개 단계에서 수행한다.

13 답 : ④ XML은 반정형 데이터이다.

형태소는 텍스트 데이터로 대표적인 비정형 데이터이다.

14 답 : ③ 불편의성(Un-completeness)

생성 변수의 품질지표에는 정확성, 완전성, 적시성, 일관성이 있다.

15 답 : ① API 게이트웨이

16 답 : ② 정보통신산업 진흥법

17 답 : ② SQL

SQL은 공공데이터 포털에서 지원하지 않는다.

18 답 : ③ Data Mining

19 답 : ② 개인정보 차등 보호

개인정보 차등보호 혹은 차등 정보보호(Differential Privacy) 기술이란 데이터에 수학적인 노이즈를 추가하는 기술을 말한다.

20 답 : ④ NoSQL

맵리듀스는 데이터 처리기술이다.

PART 2 빅데이터 탐색

21 답 : ① 평균은 중앙값보다 이상값에 영향을 더 적게 받는다.

22 답 : ④ 표준정규확률변수 z = 3, 귀무가설 기각

해당 내용은 n=9개의 표본으로부터 모평균을 검정하는 내용이다. 표본평균 Z는 $\frac{\bar{X}-\mu}{\sigma/\sqrt{n}}$ 이므로, (40-35)/(5/3)이 되어 Z값은 3이 된다. 이 경우 0.99로 유의확률은 0.01이 되어 0.05보다 작으므로 귀무가설을 기각한다.

23 답 : ③ 패널 데이터

패널데이터는 시간에 따른 종단 자료를 말한다.

24 답 : ④ 가설 검정의 노이즈 값을 찾는다.

25 답 : ④ 주성분 분석의 결과와 해석을 직관적으로 이해할 수 있다.

주성분 분석은 자료 분포에 따라 새롭게 주성분이 생성되므로 주성분에 대한 의미를 직관적으로 해석하기 어렵다.

26 답 : ③ 상관계수는 결정계수 값의 제곱을 의미한다.

27 답 : ② N(0,1)

표준화에 대한 내용으로, 표준화를 진행하면 평균은 0, 분산은 1인 분포가 생성된다.

28 답 : ② 중앙값

중앙값은 2Q로 항상 3Q보다 작다.

29 답 : ② 2

맨하탄 거리는 사각형 격자 및 블록으로 이뤄진 지도에서 최단 거리를 구하기 위한 거리이다. 뉴욕 도시에서 건물과 건물 사이의 최단 거리를 구하는 방식에서 유래하였다.

30 답 : ① P(A,B|C) = P(A) * P(B|C)

베이지안 네트워크에서 상호 부모 노드와 자식 노드 간에 독립이 성립된다. P(A,B|C)는 P(A,B,C)/P(C) 이며, 이는 Chain Rule에 의해 P(A|B,C) * P(B,C)/P(C)로 바꿀 수 있다. A와 B는 독립이므로 P(A|B,C)는 P(A|C)로 치환 가능하며, P(B,C)/P(C)는 P(B|C)로 바꾸면 최종적으로 P(A|C) * P(B|C)가 되어 1번은 틀린 선지가 된다.

31 답 : ① $\sqrt{2}\sigma$

V(X + Y)는 V(X) + V(Y) + 2Cov(X, Y)이고, X와 Y는 독립이므로 V(X) + V(Y)가 되어 총 분산은 $2\sigma^2$가 된다.

32 답 : ② Crawling

Crawling은 데이터 수집 기술이다.

33 답 : ① 왜도 > 0, 빈도수 < 중위수 < 평균

34 답 : ④ 귀무가설은 "모든 처방 간의 효과는 차이가 있다."가 된다.

귀무가설은 "모든 처방 간의 효과는 차이가 없다."가 된다.

35 답 : ① Apriori

36 답 : ② 데이터 분석 과정에서 최종 분석 결과를 도출한다.

37 답 : ④ 정규분포인 자료를 표준화하면 표준정규분포를 따른다.

표준화는 평균을 뺀 값에 표준편차를 나눈다. 자료의 평균은 0, 분산은 1이 된다.

38 답 : ③ 변동계수(CV)

39 답 : ③ 각 시행의 성공 확률은 상호 독립적이다.

초기하 분포는 비복원추출을 기반으로 진행되어, 각 시행은 각 성공에 영향을 준다.

40 답 : ② x3의 평균은 4에 가깝다.

박스플롯으로 평균을 알기 어렵다.

⚙ PART 3 빅데이터 모델링

41 답 : ② N-gram

42 답 : ④ 수렴성

43 답 : ③ (A) : 안 된, (B) : 군집 모형

44 답 : ① 다른 분석 모형에 비해 해석이 쉽다.

인공신경망과 딥러닝 모형은 과정과 해석이 어려운 블랙박스의 단점이 있다.

45 답 : ④ XOR

단층 퍼셉트론은 계단함수를 활성화 함수로 사용하는 모형이며, XOR문제를 해결하지 못한다. 이를 해결하기 위해 다층 퍼셉트론이 등장하였다.

46 답 : ③ 입력층의 뉴런 수는 은닉층의 뉴런 수보다 항상 작다.

입력층의 뉴런 수 보다 은닉층의 뉴런 수가 더 적을 수 있다.

47 답 : ② 0.2

$\dfrac{P(비 \cap 건조함)}{P(건조함)}$ 이므로, $\dfrac{2/20}{1/2}$ 가 되어 0.2가 된다.

48 답 : ① 자식 노드의 가지 수가 하나만 남을 때까지 계속하여 학습을 진행한다.

의사결정나무는 분리정도를 측정하는 다양한 분리규칙에 의해서 자식 노드를 분할한다.

49 답 : ② 선형회귀분석

선형회귀는 이산형, 연속형 자료에 해당한다.

50 답 : ③ 계절

51 답 : ① 잔차의 선형성

잔차가 아닌 x값과 y값의 선형성이 선형회귀 모형의 특징이다.

52 답 : ④ TP/(TP+FN)

53 답 : ② 정확도

정확도는 불균형 데이터의 측정 지표로 적절하지 않다.

54 답 : ④ 포아송분포

자료의 모형 분포에 따라 사용하는 연결함수는 아래와 같다.

모형	이름	연결 함수, $g(\mu_i)$
이항 분포	로짓	$\ln(\mu_i/(1-\mu_i))$
이항 분포	노밋(프로빗)	$\phi^{-1}(\mu_i)$
이항 분포	곰핏(브로그-로그)	$\ln(-\ln(1-\mu_i))$
포아송 분포	자연 로그	$\ln(\mu_i)$
포아송 분포	제곱근	$\sqrt{\mu_i}$
포아송 분포	항등원	μ_i

55 답 : ③ 랜덤 포레스트(Random Forest)는 의사결정나무 모형에 부스팅(Boosting)을 적용하는 알고리즘으로 좋은 성능을 보인다.

랜덤 포레스트는 부스팅이 아닌 배깅 형식으로 의사결정나무 모형을 결합한다.

56 답 : ④ 윌콕슨 부호 순위 검정은 모집단의 분포가 대칭일 때 검정 가능하다.

윌콕슨 검정은 비모수 검정으로 모집단의 분포를 요구하지 않는다.

57 답 : ② 릿지회귀 (Ridge Regression)

58 답 : ③ 부트스트랩 기반의 표본 자료를 생성하고 각 부트스트랩 자료를 결합하여 최종 예측 모형을 산출하는 기법

59 답 : ③ 4

Scree Plot은 꺾은 점의 기울기가 급변하는 지점을 최적의 수로 판정한다.

60 답 : ② Gradient Vanishing

기울기 소실은 과대적합 방지 기법이 아니다.

PART 4 빅데이터 결과 해석

61 답 : ③ 카토그램

62 답 : ④ 경사 하강법

경사 하강법은 하이퍼 파라미터가 아닌 모형 내부의 파라미터를 최적으로 찾아가는 과정이다.

63 답 : ① 히트맵

64 답 : ① 민감도와 특이도 둘 다 1일때 정확도는 1이다.

65 답 : ④ X축의 값이 증가할수록 특이도가 증가하는 그래프이다.

X축은 1-특이도로, X축의 값이 증가할수록 특이도가 감소한다.

66 답 : ④ 오그먼트 데이터

67 답 : ④ 산점도

68 답 : ① 임의로 추출한 남자가 아이가 없을 때, A 상품을 알고 있을 확률 = 0.9

조건부 확률에 따라 P(A알|아이X)이 되며, P(A알∩아이X)/P(아이X)이므로, (0.44/0.5)로 0.88이 된다.

69 답 : ④ 카이제곱 통계량 $X^2(3) = 7.7$일 때 귀무가설을 기각한다.

기대 빈도는 각 숫자와 관측 빈도를 곱한 값이 되며, 카이제곱 통계량이 7.7인 경우 7.82보다 작으므로 유의확률은 0.05보다 큰 값을 가지게 되어 귀무가설을 기각하지 못한다.

70 답 : ④ ㄱ, ㄴ, ㄷ

71 답 : ① 60.0%

훈련용 데이터 셋 크기는 50%~60%가 가장 적절하다.

72 답 : ③ Adam

73 답 : ② 그래픽 안에 최대한 많은 정보를 담는다.

인포그래픽은 필요한 정보만을 설득력 있게 구성한다.

74 답 : ② k값은 항상 3 이상이어야 한다.

K값이 2일 때도 사용 가능하다.

75 답 : ② 히스토그램은 시계열 자료를 표현하기에 적합하다.

76 답 : ② Learning Rate

77 답 : ① 실제 1 예측 1

78 답 : ① 최적화

79 답 : ④ 작업관리를 효율적으로 하기 위해

분석 결과 시나리오 활용은 분석된 결과의 효과를 극대화 하는 과정이다.

80 답 : ② 정규화 - 데이터 단위와 분포를 정규화

분석모형 리모델링 과정 및 방법에 정규화는 포함되지 않는다.

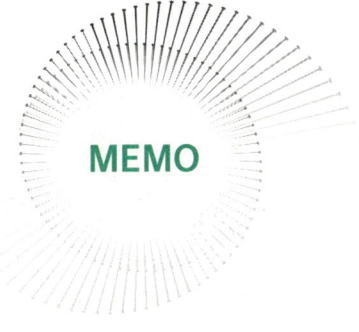

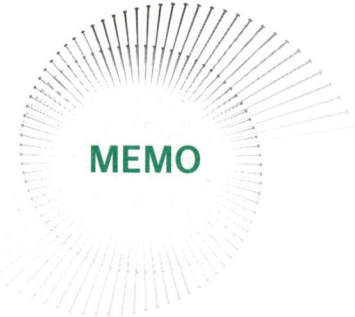

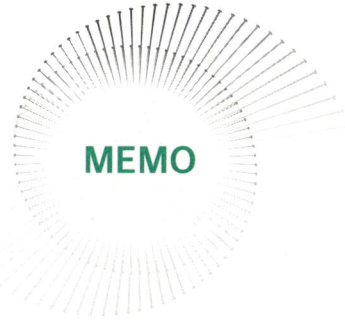

최단기 빅데이터 분석기사 필기 문제편

ISBN 979-11-987070-4-8

- 발행일 · 2021년 8월 20일 초판 1쇄
  2022년 5월 20일 2판 1쇄
  　　　9月　8日　2쇄
  2024년 3월 29일 3판 1쇄
- 발행인 · 이용중
- 저　자 · 훈쌤
- 발행처 · (주)배움출판사
- 주　소 · 서울시 영등포구 영등포로 400 신성빌딩 2층 (신길동)
- 주문 및 배본처 · Tel : 02) 813-5334　Fax : 02) 814-5334

본서는 저작권법 보호대상으로 무단복제(복사, 스캔), 배포, 2차 저작물 작성에 의한 저작권 침해를 금합니다.
또한 저작권법 제136조에 따라 5년 이하의 징역 또는 5천만 원 이하의 벌금에 처하거나 이를 병과할 수 있으며,
저작권법 제125조에 따라 1억 원 이상의 손해배상책임이 발생할 수 있습니다.

저작권 침해 제보: 이메일 baeoom1@hanmail.net, 전화 02) 813-5334

정가 12,000원